即兴演讲

杜赢 编著

中国商业出版社

图书在版编目(CIP)数据

即兴演讲 / 杜赢编著. -- 北京 : 中国商业出版社，2021.7(2023.3 重印)
ISBN 978-7-5208-1619-9

Ⅰ. ①即… Ⅱ. ①杜… Ⅲ. ①演讲-语言艺术 Ⅳ. ①H019

中国版本图书馆 CIP 数据核字(2021)第 086709 号

责任编辑：石胜利
策划编辑：王 彦

中国商业出版社出版发行
(www.zgsycb.com 100053 北京广安门内报国寺 1 号)
总编室：010-63180647 编辑室：010-63033100
发行部：010-83120835/8286
新华书店经销
三河市众誉天成印务有限公司印刷
*
880 毫米×1230 毫米 32 开 6 印张 116 千字
2021 年 7 月第 1 版 2023 年 3 月第 2 次印刷
定价：36.00 元
* * * * *
(如有印装质量问题可更换)

前言

你可能会在会议室面对同事、客户讲话，也可能会在礼堂面对成百上千人讲话，这样的场合，你是否能抓住机会，通过一场精彩的演讲展示自己的才华和思想，一举赢得支持，实现梦想？

即兴演讲时能一开口就打动人心，为自己的成功加码，这是多少人的梦想啊！

然而，事实却是：在你登台发言时，内心紧张，双手冒汗，不时地回想着要讲的内容，面对着台下的一双双眼睛，你竟然忘词了！怎么办？台下观众有说有笑，完全不顾你的存在，你的老板还有你的亲朋好友都注视着你，等待你的慷慨陈词……你感到脸红发热。

事实上，完成一次即兴演讲的确不是一件容易的事情，需要演讲者具备以下素质：

1. 一定的知识广度。只有学识丰富，才能在短暂的准备时间内从脑海中找到生动的例证和恰当的词汇，使即兴演讲充满魅力。这就要求演讲者具备一定的专业知识，并了解日常生活知识，如风土人情、地理环境等。

2. 一定的思想深度。这是指即兴演讲者对事物纵向的分析认识能力。演讲者对内容应能宏观地把握，通过表层迅速深入事物本质去认识，形成一条有深度的主线，围绕着它利用丰富的资料，连贯成文。

3．较强的综合材料的能力。即兴演讲要求演讲者在很短的时间里把符合主题的材料组合、凝练在一起，这就要求演讲者具备较强的综合材料的能力，有效地发挥出其知识的广度和思想的深度。

4．较高的现场表达技巧。即兴演讲没有事先精心写就的演讲词，临场发挥特别重要。演讲者在构思粗具轮廓后，应注意观察场所和听众，摄取那些与演讲主题有关的人物或景物，因地设喻，即景生情。

5．较强的应变能力。即兴演讲由于演讲前无充分准备，在临场时就容易出现意外，如怯场、忘词等现象。遇到这种情况，只有沉着冷静，巧妙应变，才能扭转被动局面，反败为胜。

本书将以上内容用方法和案例相结合的方式为大家做了详细阐述，能让每一位读者朋友克服即兴演讲时的心理恐惧，参照本书的方法训练出实用有效的演讲技能，形成独树一帜的演讲风格，让大家能够在各种场合轻松应对、出口不凡，借助高效演讲实现高效沟通，增大成功的可能。

2021 年 4 月

目录

第一章　即兴演讲，关键在于不紧张

克服紧张、怕羞情绪 / 002

克服当众怕羞的心理 / 004

胆子是练出来的 / 006

绝不放过每一次练习的机会 / 009

第二章　面对听众，你该怎么办

了解听众的需求 / 012

分析听众的心理 / 014

套近乎：拉近自己与听众的距离 / 016

征服听众的方法 / 018

第三章　声情并茂，演讲吐字发音的技巧

语言节奏与情感相协调 / 022

练习发音，重视吐字清晰度 / 025

恰当停顿表达句意感情 / 028

降低声音，增强感染力 / 031

声音圆润，掌控声音速度 / 033

第四章　营造气氛，充分利用肢体语言

丰富的表情 / 036

端正的体态 / 040

得体的仪表 / 046

巧用手势增添演讲气势 / 052

第五章　以情动人，让听众感受到你的热情

以情动人是有效的说话方式 / 056

激情是演讲的灵魂 / 059

让你的演讲兴奋起来 / 062

充分表现内心的热忱 / 066

深入人心，力求共鸣 / 069

第六章　说好开场白，一开口就打动人

好的开头是成功的一半 / 072

10 种精彩的开场白方式 / 075
赋予名字一个说法 / 082
开场白的注意事项 / 085

第七章 紧扣主题，抓住听众注意力

话题选择要亲民 / 090
论据运用要有话说 / 096
紧紧抓住听众的注意力 / 100
语言要富有知识性 / 104

第八章 结尾有力，让人回味无穷

号召式结尾 / 108

名言哲理式结尾 / 111
幽默式结尾 / 113
祝福式结尾 / 117
总结式结尾 / 119
回味无穷的结束语 / 121

第九章　控场技巧，掌握演讲的主动权

表达自己的技巧 / 126
旁征博引的技巧 / 129
肢体语言的技巧 / 133
演讲中的语言技巧 / 139

消除紧张的技巧 / 154

兰博士的抗怯场练习 / 159

第十章　应变技巧：及时处理突发状况

面对冷场，要学会拓展话题的领域 / 164

面对冷场，提一些引导性的话题 / 166

主动调侃 / 168

找个化解尴尬的“台阶” / 170

如何面对刁难者 / 173

演讲时忘词怎么办 / 180

第一章

即兴演讲，关键在于不紧张

克服紧张、怕羞情绪

在公众面前讲话时感到恐惧、怯场是一种较为普遍的现象。20 世纪 80 年代，美国心理学家曾进行过一次有趣的测验，题目是：“你最害怕的是什么？”测验的结果竟然是“死亡”名列第二，而“当众演讲”却名列榜首。有 41% 的人对在公众面前讲话比做其他事情感到恐惧。可见，在大多数人看来，当众讲话是一件令人害怕的事情。

一位即将毕业的研究生，作为见习老师第一次登上讲台，当学生起立，师生互致问候时，他原本想好的开场白却不知跑到哪儿去了。惊慌中，他用颤抖的声音说了句：“同学们，再见！”同学们莫名其妙，面面相觑，见老师满脸通红，不知所措，不由得哄堂大笑。见习老师努力想让场面安静下来，可换来的非但不是安静，反而是脑门上涔涔的汗珠。当他下意识地掏出“手帕”揩汗时，台下又是一阵哄堂大笑。这是为什么？经一位学生暗示，他才发现自己手里拿的不是手帕，而是一只袜子——啊！真该死！大概是昨晚洗脚时，不知怎么鬼使神差地把袜子装进衣兜了。他想避开几十双眼睛的注视，抓起黑板擦擦黑板，可此时整个课堂早已闹得翻了天。他窘得无地自容，只好跑下了讲台，慌乱中一抬脚又踢翻了讲台旁的纸篓……

纵览古今中外，很多政治家、演说家都是最初被认为是说话笨拙的人，他们往往遭受过无数次的演讲失败，却凭着胆量和勇气，经过无数次的磨炼，最后成为优秀的演说家。如林肯、狄里斯、丘吉尔、田中角荣等，他们年轻时口才都不算好，都经历过许多次的失败。但后来他们都成了令世人瞩目的一流演讲家和政治家。除了勤学苦练之外，他们还敢于面对现实，不怕失败，大胆实践，勇于创新，这是他们成功的重要原因。就拿林肯来说，当年他在演讲台上窘迫不已，甚至恐惧得连一句话都说不出来，直到被轰下台去。但他却并未就此消沉，而是勇敢地面对现实，勤讲多练，绝不放过每一次讲话机会，演讲水平日益提高。后来他的就职演讲被誉为最精彩的总统就职演讲之一。又如雅典著名演讲家狄里斯，在最初走上演讲台时，尽管经过周密细致的思索，做了充分准备，可他仍然遭到了失败。极度的恐惧让他语无伦次，别人不知他在说什么。但他却并没有就此灰心泄气，丧失信心，而是比过去更努力地训练自己讲话的胆量。他每天跑到海边，对着岩石呐喊，向着浪花抒怀；回到家里他又对着镜子做发声练习，反复矫正，坚持不懈。经过几年的努力，功夫不负有心人，他终于成功了，被誉为“历史的雄辩家”。可见，克服恐惧是演讲成功者的必备素质，是迈向卓越口才的第一步。

克服当众怕羞的心理

俗话说："心病还须心药医。"心理方面的问题用心理上的方法去矫治是最直接、最有效的。即兴演讲时的怯场现象是心理夸张性感受所致，必须让心理感受重新归位。要达到这一要求，需要采用心理暗示的方式，对对方有客观、正确的认识，对自己做准确、公正的评估，这样才能保持清醒，树立信心。如当别人说话时显示出我们没有的优势时，我们可做这样的暗示：这是他的优势所在，我同样也有自己的优势，同样是他比不上的。

对于一个要当众讲话的人来说，首先要对自己讲话的内容和讲话的效果充满自信，要在精神上鼓励自己去争取成功。你可以用如下几句话反复暗示、刺激自己："我的讲话对别人具有极大的价值，他们一定会喜欢。""我非常熟悉这类题材，我一定会成功。""我准备得非常充分了。"讲话者不应在讲话前过多考虑可能导致演讲失败的因素，例如，"我忘词了怎么办？""别人嘲笑我怎么办？"这种负面的自我暗示往往会产生消极的影响。

关于克服当众怕羞的心理，卡耐基先生最有经验，而在他的众多经验中最基本的经验就是："你要假设听众都欠你的钱，正要求你多宽限几天；你是神气的债主，根本不用怕他们。"

现代实验心理学表明，由自我启发、自我暗示而产生的学习、行为动机，即使这动机是佯装的，也是导致学习、工作取得良好效果的有力手段。

树立自信的方法之一，就是要记住自己是被邀请来做讲话的。有人相信你的能力，相信你对这一论题十分精通。提醒自己，如果在座的观众中有人比你更权威，他们早就该被邀请来做演讲了。

我们应该想到恐惧是后天的反应。两岁大的孩子在过马路时不会懂得害怕，直到有人猛地把他拽回来，警告他过马路有多么危险，他才会在日后产生害怕的心理。同样，当我们第一次看见同学站起来背诵诗歌，发现他突然哽住了，变得慌张窘迫，以致全班发出阵阵窃笑时，我们懂得了当众讲话时害怕。既然紧张害怕是后天形成的，那么它也是可以被克服的，或者至少是可以被控制的。

胆子是练出来的

胆量不会与生俱来，也不会从天而降，就像庄稼需要施肥、道路需要整修一样，胆量也需要不断磨炼而成。有人曾对丘吉尔的口才进行各种分析，他的儿子却一语中的："我的父亲把自己一生中最宝贵的年华都用在写演讲稿和背诵演讲稿上了。"

世界上没有天生的演说家。毫无疑问，丘吉尔被誉为"世纪的演说家"是当之无愧的。但人们可能忘了，他原先讲话结巴，口齿不清，根本就不是当演说家的料。他本人身高约 1.65 米，没有堂堂的仪表和风度，他那难听的叫喊声又不像道格拉斯·麦克阿瑟或是马丁·路德·金的嗓音那样洪亮。丘吉尔没有受过大学教育，他曾经在下院最初的一次演讲中，讲了一半便垮了下来……然而，他却并未因此而自卑，也并没有从此一蹶不振，认为自己天生就不是这块料。在经过多次的主动练习后，经验和胆量都大大增加的他终于成了举世瞩目的雄辩的演说家。

面对陌生的事物或人，我们总是很容易退缩、害怕，想要让自己大胆表达，最好的方法就是让自己习惯开口说话，怎么样能让自己习惯开口说话呢？在任何场合，你都应该积极把握或创造与人交谈的机会，试着与他人闲聊、寒暄、攀谈，说话的次数多了，自然也就成了习惯，胆怯就会逐渐消失。

如果一个人能抓住机会努力练习口才，那他说话的胆量一定会得到很好的训练。

家庭是练习口才的第一个场所。家庭不免会有些经济收支问题、子女教育问题、卫生保健问题、饮食起居问题等，你能平时就这些问题与你的妻子好好谈一谈吗？如果你能时常提出一些有益的意见或帮助她解决一些或大或小的困难，那说明你的口才练习有了明显进步。社会是由男性和女性组成的，男女间的相互交往、夫妻间的良好相处，都是练习口才的极好途径。同时，从面对自己最熟悉的人开始练习，也不会有太大的难度，这样很方便训练说话的胆量。

广结良友，与朋友频繁往来，是练习口才的又一途径。我们的朋友可能来自不同的地方，处于不同的年龄，属于不同的阶层，从事不同的工作，因而与他们相处时会遇到各种不同的问题。如果想练习好自己的口才，训练自己说话时的胆量，最好去了解他们的各种情况，好好找他们谈谈，尽量想出如何帮助、开导、启发他们的谈话内容来。这样，无形之中，你拥有的朋友以及你了解的谈话内容都会渐渐地增多，你说话的胆量也会渐渐大起来。

在与陌生人聚会的场合也可以训练说话的胆量。每个人都免不了会参加一些社交活动，如果我们参加的社交活动是陌生者的聚会，那可以说是训练说话胆量的好机会。在这种场合，我们想与人说话的机会和方法很多。大家相聚时，不外乎出现两种情形：一是有的人在交谈，而有的人却孤零零地待在一边；二是大家都三五成群地在一起交谈。如果我们仔细观察，就会发现有人也像自己一样，孤孤单单地坐在某个角落，那么你就可以大胆地走上前去，向对方介绍自己。打完招呼后，可由天气等无关紧要的话题开始，逐渐加深并扩展话题。这时候，除了某些特殊原因之外，对方多半是欢迎我们的。如果在这种陌生人聚会的场所多锻炼几次，下次再遇到陌生人，也就不至于感到生疏和胆怯了。只要自己愿意主动开口，并掌握好说话的有效时机和方法，就一定不会被拒绝，这也无疑是对你下一次主动出击的最大鼓励。

总之，胆量是练出来的，要想拥有好的口才，就要抓住一切机会，锻炼自己的胆量。只有不懈地锻炼才能取得最后的成功。

绝不放过每一次练习的机会

发明大王爱迪生说过，天才是百分之一的灵感和百分之九十九汗水的结晶。天赋固然重要，但后天刻苦的锻炼更为关键。在实践中磨炼口才，以坚强的意志作为通向成功的基石，用汗水浇灌成功的花朵，勤奋的苦练加上技巧，你就一定会成功。哈佛大学著名教授威廉·詹姆士说过："我们只是半醒着。我们仅仅在使用我们体力和智力的一小部分。说得明白一点，人类就是一直这样画地为牢，生活在自己的圈子里。人具有各种力量，但往往未加发挥。"这些力量我们每个人都有，只是没有得到充分发挥，对这些力量置若罔闻，真是太可惜了！

有的人想练习口才，却苦于找不到机会，我们可以清楚地告诉你：路就在脚下。练习口才的机会到处都有，不仅很多，而且方便省事。我们每天都要见人，都要说话，所以到处都是练习的机会，千万不要以为日常的说话不需要什么口才。其实，练习口才的人应该把每一句话都说好，口才好的人能一开口就说上一句好话、一句动听的话。这恰如练习书法的人一样，必须首先练好每一个字。一个书法好的人，一动笔就能把一个字写好。所以，我们绝不能轻视日常生活中的对话。极简单抽象的日常对话，口才好的人和口才不好的人，说起来却截然不同，即使是“哼”一声也迥然有异。

面对陌生事物，我们很容易害怕、退缩。想让自己能够流利地表达意见，最好的方法就是让自己习惯开口。做任何事情都需要练习才会进步，说话也是如此。

你可能无法自在地与陌生人交谈，但假如你能鼓起勇气与超市店员或不太熟识的邻居说声“你好”，你就会发觉自己越来越习惯面对陌生人发言了。

所以在任何场合，你都要积极把握和别人交谈的机会，试着与他人闲聊、寒暄，从中学习说话技巧，建立自信。

主持会议或在会议上发言也是练习口才的绝好机会。会议语言是一种很好的磨炼形式，能促进你迅速地提高。

说话的机会随处皆是，如果有可能，你不妨参加一个社会组织，志愿从事需要你讲话的职务。在公众聚会里，你要勇敢地站起身来，使自己出个头，哪怕是附议也好。在参加各种会议时，千万别去叨陪末座，而是要洒脱一些。另外，还应当参加相应的团体活动，并活跃地参加各种聚会。我们只要多留心我们周围的事情便会发现，没有哪种商业、社交、政治、副业甚至邻里间的活动是你不能举步向前、开口说话的。如果我们不主动开口说话，并且抓住一切机会不停地说，我们永远都不会有进步，也永远不知道自己会有怎样的进步。

第二章

面对听众，你该怎么办

了解听众的需求

我们常见的听众一般分为四种：对演讲内容完全不了解的；观点与演讲者相同的；观点与演讲者相反的；对于演讲漠不关心的。

对于这四种类型的听众，要想使他们接受演讲者的观点，其方法也不尽相同。

第一种听众，是演讲者比较喜欢的听众，这样的听众是一张白纸，因为对于演讲者的观点茫然不知，所以可以很容易地接受演讲者的观点。

第二种听众，是演讲者最喜欢的听众，因为观点相同，非常容易产生共鸣。听众也不会产生排斥情绪。对于这样的听众需要注意的就是，即使是细小的观点、看法也不能出现错误，因为会被听众发现，同时演讲的内容还要有所创新。

第三种听众，是比较棘手的听众，因为他们在听演讲者的演讲之前就已经否认了演讲者的观点，在这样的演讲中，演讲者就要试图影响听者的观点和信念，或者使听者建立起新的观念和信念。对于这样的听众，论点一定要明确，事实依据一定要真实且有说服性，同时演讲者要有真情实感。

第四种听众，其实是最难以打动的听众，因为他们对于演讲的内容，既不像赞同者一样喜欢，也不像否定者一样讨厌，而是没有任何感情。

演讲是讲给听众听的，是反映人们的心声、愿望的一种推动时代发展的活动，所以作为一名演讲者，应该懂得人们想了解什么，想知道什么，不能闭门造车，不问世事，不了解群众。演讲的内容只有贴近生活，贴近人们的需要、需求，才能打动听众的心。

有一个著名的例子，曹操在一次行军时，走到了一个荒芜缺水的地方，将士们因为干渴而士气低落，这时曹操说前面有一片杨梅林子，里面的杨梅又酸又甜，水分充足。将士们因为想到了杨梅的酸甜而大量地分泌了唾液，这样就不觉得干渴了，最后这支部队成功地走出了这片地区。

这就是“望梅止渴”这个成语的来历，这就是因为曹操了解人们的需求是什么而做出的决定。

作为一名演讲者，怎么样才能了解听众的需求呢？这首先要求演讲者了解我们当今社会的特点和需求，同时不要把自己当成高高在上的发话者，而是要把自己当成一名听众，设身处地地想想听众有什么需求，演讲者应该以朋友和对话者的身份，提出听众想要提出的问题，然后给出自己对这个问题的看法与解决问题的办法。只有这样才能使听众觉得演讲者是在和他们讨论一个问题，而不是在发号施令。

分析听众的心理

分析听众的心理，是一个演讲者最基本的工作。我们分析听众的心理，并不是为了迎合听众，而是为了了解听众、贴近听众，是为了保持演讲的真实性、独立性以及演讲的公正性。

之所以这么说，是因为观众来听演讲者演讲的首要目的是从演讲中得到心灵的安慰。这也就是我们所说的“好的演讲能给予人们心灵的共鸣”。

演讲者通过语言来安抚听众的情绪。所以，作为一名演讲者，通过分析听众的心理，在准备材料时要多寻找那些能够符合听众需要的激发感情、安抚心情的材料。

人们在这个世界上，大部分时间都是在思考自己，我们会思考我们的生活、工作、学习、家庭。同时我们还会幻想，幻想我们的未来，或者产生一些奇异的梦。

对于一名男士而言，有时和他讨论经济危机不如和他讨论怎样用刀片刮胡子不会刮伤皮肤；对于一名女士而言，和她讨论世界杯比赛，不如和她讨论什么化妆品更适合她。

那么对于这样的人，我们在进行演讲时只要选择和听众自身发展等相关的方向，就能够引起听众心灵的共鸣。所以，想要得到听众的赞同与支持，演讲者谈论的话题应该就是听众最关心的话题。一旦听众与演讲者感同身受，可以说演讲已经有了一个成功的开篇。

曾经有一个青年，向一位大文学家说："我需要活着。"但是这位文学家却回答他："我看不出你有活着的必要。"

这位文学家说这样的话，并不是希望这位青年去死，只是青年的话无法感动文学家的心灵，使文学家感觉不到话语中的活力。

这个实例说明，一个演讲者，或许他脑子里有许多精妙的题材，有优秀的演讲稿，他设计了生动形象的现场表现方案。然而，他每次讲起话来却死板而缺乏生气，就像是背稿一样，这样的演讲稿首先不能感动他自己，又怎么能感染听众呢？

这种现象出现的原因就在于演讲者不够了解听众的喜好，不能用脑中的题材结合听众的需求表达出来，缺乏一种精神活力，对于自己所要讲的话，总觉得好像没有说出来的必要。这样的演讲无法感动自己，更无法感动听众。

所以，对于演讲者而言，华丽的辞藻仅能耀人眼目，却不能感动人心，演讲者需要把自己的活力激发出来，将自己的情感投入到演讲当中去，也就是说演讲必须伴以热忱和真诚。

套近乎：拉近自己与听众的距离

所谓套近乎，并不是要求演讲者放弃自尊一味地讨好听众，而是帮助演讲者拉近和听众的距离。听众的心理是变化多端、复杂多样的，通过和听众套近乎，可以使听众在遇到陌生人时本能的防备心理得以放松，使听众能够在心情放松的情况下听取演讲者的演讲。同时，演讲者和听众在某个问题上存在分歧时，套近乎可以帮助演讲者安抚听众的情绪，使听众能够平心静气地听取演讲者的讲解。

最常见的套近乎的方式一般在演讲开始时就可以进行，例如：

> 各位朋友：我是翻山越岭、历经千难万险才来到这里为大家进行演讲的，虽然辛苦，但是我一点都不后悔，因为到这里我就发现，这里山美，水美，人更美，在座的每一个人都非常热情，你们都是我的亲人啊！

短短几句话，一下子牢牢地吸引了听众的注意力，使听众的心里暖暖和和的，随即赢得了全场热烈的掌声。当然，套近乎并不是一味讲赞美的话，光说好听的，这样会有哗众取宠、油嘴滑舌之嫌。套近乎应该有感而发，有感而“套”，做到以情托声，声中有情。

运用心理控制调动听众情绪。前面讲到演讲首先必须了解听众的心理需求，但当进入演讲过程时，就更应该注意心理控制及听众情绪的调动。只有演讲者做好心理控制和听众情绪的调动工作，才能使演讲者与听众心心相通，达到演讲的最佳效果。套近乎的方法，是一种非常好用的拉近和听众距离的方式，但是这样的方式并不能每次都用一套方案，而是要根据不同听众的社会阅历、兴趣爱好、思想感情等方面的特点，结合自己的实际，给观众描述一段与听众相似的生活经历或在学习和工作上相同或相似的事例，有时也可以将自己内心的烦恼、趣事分享给听众。

征服听众的方法

有时候演讲有其非常明确的功利目的：演讲需要“征服听众”，让他们的心随着演讲者的思考而思考，让他们的行动跟随演讲者的脚步。

这种“征服”的效果，不能通过混淆视听、欺骗蒙蔽的手段来达到目的，而是要靠真情实感来感染听众。

古往今来，“尊重”都是能够“征服公众”的一个重要条件。自尊心与安全感是人的共性。要征服一个人首先要尊重这个人，这是征服听众的必要条件。演讲者登上演讲台之后，他的一举一动都一览无余地展现在了听众面前，每一个下意识的动作都会影响到听众的感受和对演讲者的评价。所以演讲者即便是怀有一丝一毫的骄傲，都会在演讲台上被无限放大。因此，演讲时应谦虚谨慎地向听众表示你的诚意。这样，听众才不会小看你，相反还会认为你是一位诚实坦白、值得信赖的人，你的演讲便能在一种融洽的氛围中进行并取得成功。

孔子是中国著名的思想家，是儒家学派的代表，但他从未以他渊博的知识向别人炫耀，却总是以包容一切的博爱精神来感化别人、教化世人。作为演讲者，必须懂得这个简单的道理，并采取相应的措施。

要征服听众，就应有卓越的演讲才能。所谓演讲才能，就是一名演讲者的口才和语言能力。这是通过长期的锻炼和学习来实现的。作为一名演讲者，可以从这几个方面来增强自己的语言魅力：有新颖奇特的观点；所有论述都是真情实感；有的放矢，尊重事实；思维清楚，语言逻辑性强；合理地安排演讲布局；运用多种修辞来加强影响力；保持语言生动形象，有活力；语言简洁有力；声情并茂，感人至深。

如果你能较好地掌握这些要求，那么就有了征服听众的较大把握。同时还要注意环境、音响、时间等因素的作用。

对于演讲者来说，自己亲身经历过的事情说起来总会比较得心应手，一个人说得最生动、激昂、富有吸引力的，必定是自己最熟悉、最了解、最清楚的事物。

而作为听众，最为关心的是与其生活息息相关的现实问题，是他们在生活中能够见到、听到的熟悉的事情，空泛的理论是无法吸引听众的注意力的，所以有真情实感的演讲总是比单靠从书本、报纸、杂志上东拼西凑的东西要感人。

每个人的生活和经历都不尽相同，演讲者可以以个人的生活经验为话题展开演讲。演讲者可以以个人生活中的小事为例，这样的小事往往是神秘、特殊而隐秘的，带有鲜明的个性，很少会和其他人重复，同时可以满足听众的好奇心。

◆ 用策略牵着听众的情绪走 ◆

投石问路试探听众反应

比尔·盖茨调侃自己用了29年才大学毕业，带了“坏头”。

设置兴奋点，吸引听众的注意力

用示例调动听众情绪，使听众始终感到兴奋。

第三章

声情并茂，演讲吐字发音的技巧

语言节奏与情感相协调

通常来说，语言的节奏、速度应与内在情感相协调。根据发言者的思想感情所呈现的状态不同，声音的节奏、速度也随之产生不同的改变。有时轻快，有时凝重，有时高亢，有时低沉，有时急促，有时舒缓。

人们在表达快乐、兴奋、惊惧、愤怒、激动等感情时，语速较快。在表达忧郁、悲伤、痛苦、失望等情绪或心情沉静、回忆往事时，语速较慢。当然，也有特殊情况。如内心明明很紧张、很激动或很愤怒，但语流速度却很平缓，不过，听众可以从说话者平缓的语言节奏中，体会到说话者内心因为感情而产生了激变。

节奏感强、音色动听、语意连贯的语言，如同优美的歌曲。有些词语需要快速念出来，就像歌曲中的八分音符和十六分音符；还有些词语必须念得慢一点，拖长些，就像歌曲里的全音符和二分音符；而有些连贯一气的词语，就像是二连音或三连音。

字母、音节和字词，是语言中的音符，可以组成一曲优美的旋律。正是由于这种有节奏感的语言，才使人们的语言变得富有魅力。因此，要使自己的口语表达如同音乐般优美动听，就必须掌握语言的节奏。

正确处理语言节奏，既符合情感表达的需要，又是说话者思想水平和涵养的体现。为了更好地进行语言节奏的训练，下面为大家介绍几种简单的节奏类型。

1. 轻快型

语调多扬少抑，语音多轻少重，语句多连少停，语流明快活泼。如《荷花淀》中水生与媳妇们嬉戏的一段语言，就是这种类型。

2. 凝重型

语调多抑少扬，语音多重少轻，语句多停少连，语流平稳厚重。朱自清的散文《背影》就是如此。

3. 低沉型

语调压抑，语音沉痛，停顿多且长，音色暗淡，语流缓慢。《一月的哀思》就属于这一类。

4. 高亢型

语调高昂，语音响亮，语句流畅，语流顺畅。《白杨礼赞》《最后一次演讲》就是如此。

5. 舒缓型

语调多扬，语音多轻，气息顺畅，声音明亮轻柔，语流舒缓。峻青的《秋色赋》就是这种类型。

6. 紧张型

语调多扬少抑，语音多重少轻，语气强且短促，语流速度较快。山东快书《武松打虎》就是如此。

要掌握语言节奏，首先要掌握进行通篇讲话或一次完整性谈话的基本节奏。然后，再根据讲话的整体内容调整节奏，使说话节奏与内容的表达节奏和谐一致，充分地表情达意。

练习发音，重视吐字清晰度

每个字都是有意义的，都是情感的载体，我们说话吐字能力如何，对我们的表达能力有重要影响，因此，必须加强吐字训练。

1. 吐字要求

一是要“真”，二是要“美”。“真”指的是准确规范，清晰具体。要按普通话语音规律发音，不能读错，也不能含糊，要干脆利落，真真切切。“美”指的是发音要好听，动听圆润，灵巧流畅。

要达到这种效果，就必须在符合语音标准的前提下，加强对口腔的控制。在“真”的基础上讲究“美”，真美结合。做到动听并且规范，饱满圆润而不单薄、苦涩，灵活巧妙、流畅自然而不笨拙呆板。

2. 吐字要领

吐字归音是传统戏曲中的训练方法，是指对字头、字腹、字尾进行处理的完整过程。对字头、字腹、字尾的处理，分别被称为出字、立字、归音。

（1）基本要求。出字：要求发音准确有力，叼住弹出。

字头：包括声母和韵头（介音），要发好字音就必须把握好声母的发音部位、发音技巧和韵母的“四呼”。要注意有“叼”与“弹”的感觉，而不是直着往上“喷”。

立字：要将音节之间拉开距离，吐字才能圆润饱满。立字主要是对字腹即韵母中主要元音进行处理，其关键在于口形。口腔要适当张开，松紧合宜，立音舒展丰满，结实稳定。

归音：要趋向鲜明，准确到位地将声音减弱收起。归音主要是对字尾即韵尾进行处理，口腔由开到合，肌肉慢慢放松，声音由强到弱。南方人要特别注意区分前后鼻韵 n 与 ng，不能将二者混淆。

（2）枣核形。叼住字头，拉开字腹，弱收字尾，就形成了所谓吐字归音的“枣核形”，即声母、韵头为一端，韵尾为一端，韵腹为中心。这样的吐字方式，点面结合、丰满舒展，能给人以美的享受。

同时，不能片面理解“枣核形”的概念。这是因为，我们是在“说话”，而不是在“念字”。在有节奏的语流中，不可能把每个字音都发得非常到位，否则，会显得很死板。

（3）零声母字和开尾字的发音。零声母字和开尾字指的是结构不全的字，在吐字时与头、腹、尾齐全的字发音是有区别的。而所谓的零声母字，就是没有声母的字。

具体分为两种情形：一种是既无声母也无韵头的无头字，这类字在开始发音（注意指的仅仅是开始）时要适当增加其他主要元音的发音紧张度，使吐字清晰有力；另一种是无声母但有韵头的有头字，发音时，要把韵头当声母来使用，发音宜短而有力，突出分散的特点。

（4）坚持“取中”原则。强化表达效果，在实际发音时，要坚持“取中”原则。“取中”有两层含义，一是相对于日常吐字发音和进行演讲时的吐字发音而言，介于二者之间；二是根据语音自身特点灵活应用。

我们这里说的是后者。在符合语音规律、保证语音原有的前提下，发音应该这样做：前音稍后、后音稍前或开音稍闭、闭音稍开、横音稍竖、竖音稍横。

恰当停顿表达句意感情

停顿是指口头表述时，在词语之间、句子之间、段落之间进行的间断。说话、演讲时，如果不注意进行语音停顿，就容易造成混乱。而且，如果停顿得不恰当，反而会造成表意错误。因此，停顿是完整地表情达意的必要手段。

恰当的停顿，能准确表达句意和感情，也能让听众在听后能有所领悟和思考，还可以使说话者得到中间休息换气的机会。停顿有以下四种情况。

1．语法停顿

根据标点进行停顿，能让听众在听后有所领悟和思考。因此，其停顿的时间、方式不尽相同。我们平时说话时，段与段之间是停顿最长的，句号、问号、感叹号停顿的时间较长，逗号、分号、冒号次之，顿号的停顿时间最短。

2．逻辑停顿

书面语言用标点表示停顿，但在口语中，为了加强表达效果，可以根据情况合理地进行适当的停顿。词组之间的停顿富于变化，但停顿也不可滥用，要根据当时的实际情况，做出适当的选择。

3. 感情停顿

也称为“心理停顿”，其目的是强化感情。恰当地进行感情停顿，可以使悲伤、激动、不安、质疑、沉吟、回忆、思考、想象等复杂的感情和心理状态更准确地表达出来。

感情停顿是一种我们需要掌握的非常重要的语言技巧，它能充分体现“隐语”的作用，使听众从说者的停顿中体会语言的内涵和感情，从而使语言听起来更加生动。

4. 生理停顿

即中间自然的停歇换气。通常来说，生理停顿与其他三种停顿方式不可分离。这种停顿必须符合语法、规定、逻辑的需要，且一般不单独进行。

要掌握停顿的艺术，还要注意时间长短和气息调节。一般情况下，句子越长，含义越丰富，停顿越多；句子越短，含义越少，停顿也就越少。表现回忆、思考等心理状态和凝重、含蕴的感情时，停顿多，时间长；而表现愉快、轻松的心情时，停顿少，时间短。

可以根据要求进行以下练习。

1. 领属性停顿练习

他做过营业员，在杂志社做过编辑，曾经还是个电工。（在“他”字后进行比后面逗号时间更长的停顿。）

2. 呼应性停顿练习

现在播报中央气象台今天早上6点钟发布的天气预报。

（在“播报”这个词后进行停顿，和“天气预报”相呼应。）

3．并列性停顿练习

过去，我们没有在困难面前屈服，现在，这点挫折怎么能击垮我们呢？（要在“过去”“现在”后进行停顿。）

4．强调性停顿练习

曾经是天堑的长江，现在终于被我们渡过了！（在“被我们”这个词后进行较长停顿，以突出征服长江的壮举。）

5．区分性停顿练习

中国队战胜了俄罗斯队，赢得了最后的胜利。（若在“了”字后停顿容易让人误解，所以，要在“俄罗斯队”后停顿。）

6．情绪转换性停顿练习

本来我还以为能看到精彩的日出，谁知道却下起雨来。（在“日出”后进行延长停顿，表达热切期望的心情急剧变化为失望。）

7．回味性停顿练习

心灵中的阴暗必须借助知识的力量恢复光亮。（这句名言在“暗”字处进行停顿，能留给人思考的余地。）

8．生理性停顿练习

我……我弄丢了佛莱思节夫人的项链。（在“弄丢了”和“夫人”两个词后留有停顿，表现担心和慌乱。）

降低声音，增强感染力

很多年轻人说话声音过尖，这样不仅会让人厌烦，而且会让人不愿意亲近你。女性由于生理原因，这一情况更加严重，尖细的声音听上去，就像粉笔划过黑板时发出的噪声。

那么，如何改变这一情况呢？想要有深厚的声音，就必须产生低沉的共鸣。

手自然地向下垂，一遍一遍地说“我想不会下雪的”这句话。同时，慢慢地降低音调，一直到最低音为止。然后，用能正常说话的最低音再说几个别的句子。

下面几种方法可以帮助你在日常生活中自然而然地发出浑厚的低音。

1. 朗读法

坐在椅子上，双脚自然垂于地面并且双脚之间保持12厘米的距离，在地面上放一本准备读的书。弓腰、头向下、双臂自然向下，用指头轻触地面，全身放松。然后，开始运用腹部呼吸帮助朗读书本内容。

这时，胸腔会产生共鸣，声音也就随之降低。注意体会你此刻的声音——这是你可以拥有的。抬头坐直之后，恢复刚刚的姿势，再读几遍。

在这个练习中，朗读纯粹是为了练习音色，所以，不用刻意在乎文章本身的内容。

2. 画圈法

在学校里，教师教导学生们用连笔写英文时，首先要求学生会画圆圈。

现在，以自然姿态站好，用手在空中连续画圈，将你的声音想象成流畅的曲线。当声音快没有时，就收紧呼吸动力中心，再次努力发音。时刻提醒自己：如果唱针卡住了，那就是唱片坏了。此刻，你的声音也是如此，必须连续下去，不能间断。

用这个方法发“啊——”“哦——”等音。

高声朗诵，双手平放胸前，要求自己使用胸腔共鸣，这也是个可行的办法。注意，不能升高句末的音调，那会显得迟疑、不确信，没有自信。

要想强调语音，降低声调比提高声调有效得多。想让自己的声音听起来动人、有感染力、具有亲切感，必须尽量降低自己的声音。

在交谈中也要注意保持低音，特别是用手机交谈时，可以在手里拿一支铅笔，与嘴唇保持16厘米的距离，然后，向下对着手里的铅笔，用低音说话。

声音圆润，掌控声音速度

中国有一个成语叫“理直气壮”，但更多时候，人们更提倡“理直气柔”，即说话时，语速要不快不慢，节制速度。这往往是成功演讲中最重要的一个步骤。

每个人说话时，声音的音域、音质都有差别，但都可以通过一些方法做到动听。声音的音调太高会变调，太低显得压抑，语速太快会让人心情急躁，太慢则会让人急不可待。只有声音高低适中、快慢恰当，才会给人舒服的感觉。在确保对方能够听清楚的前提下，在你的音域范围之内，声音稍慢和稍低一点，会显得更富有魅力、悦耳动听。

在公共场合，发自内心的话是最吸引人的。这就是为什么有些话让人听起来感觉舒服，而有些话却让人觉得别扭。真诚而发自内心的话语也许在内容上不占什么优势，但他们的语气和声调给人感觉却是“他是多令人喜爱的一个人啊”。

调整自己说话时的声音速度，不疾不徐，让人感觉听你讲话是一种享受。而在谈话时，选择怎样的讲话速度却完全依靠人的天赋、个性、场合及他所要表达的情感而定。

比如，当你与多人交谈时，应采用以下技巧：

如果前一个人声音很大，你说话时可以稍微压低声音，做到低、小、稳；如果前一个人音量很小时，你就要略提高嗓门，声音清脆响亮，以引起大家的注意。

如果有条件的话，你可自我充当听众，仔细听自己的录音，你可能会吃惊地发现，自己说话时的毛病还真不少。这样经常检查，掌控声音速度的技巧就会不断提高。

第四章

营造气氛，充分利用肢体语言

丰富的表情

在肢体语言中运用最多的是面部表情。面部表情主要由脸色的变化以及眉、眼、鼻、嘴的动作组成，相互配合形成各种“语言”。面部表情的“词汇”最丰富，也最有表现力。面部表情能最迅速、最灵活、最充分地反映演讲者的喜怒哀乐、恐惧犹疑。

脸色。有些演讲者在台上忽略了自己的“脸色”。其实听众能通过脸色观察出演讲者的心理状态。如喜笑颜开、笑容满面是心情愉快的象征，红光满面、容光焕发是兴高采烈的表露，脸色绯红是害羞的表现，蹙额锁眉是忧虑不安的反映，等等。所以演讲者要善于调控表情。

眉毛。有研究表明，眉毛的动作也有 20 多种，它能弱化或强化眼睛所传递的信息。

眼神。表现力较强又与演讲者关系较密切的是目光语即“眼神”。人们常说：“眼睛是心灵的窗户。”眼睛不仅能交流思想，表露情感，而且具有启示心理的功能。一个有经验的演讲者，应该认识到眼睛在演讲中的功能并发挥好这一功能。对于眼神的运用要做到以下几点。

1. 要有内容

听众是从台上“听其言、观其行”来了解演讲者的。“听其言”能了解演讲者的思想感情；“观其行”能了解演讲者的内心世界。

有些演讲者，无论是悲是喜，是惊是忧，听众都能从他们的眼神中做出判断。但有些演讲者不善于运用自己的眼神，思想如何深刻，情感如何丰富，事物多么复杂，演讲者在演讲时两眼总是给人以无动于衷的感觉，显得麻木、呆滞、平板，这样就影响了思想感情的表达，不能吸引和打动听众，无法在听众心目中留下印象。

2. 要有目标

所谓有目标，是指演讲者在主持过程中，要看着听众，与其进行积极的思想情感交流，不能“目中无人”。一个有经验的演讲者，肯定会与听众进行目光接触，这样听众就会感觉受到了演讲者的尊重，意识到自己的存在，那么听起来会格外专注，而演讲者通过与听众目光的交流，也能够迅速得到信息反馈，及时调整自己演讲的内容与方法。

嘴。嘴不只是用来说话的，嘴传达信息的能力也很强，而且是构成面部笑容的主要因素。如嘴巴微开，上齿微露形成轻笑；唇部并拢呈向上的弧形，不露齿，形成微笑；嘴巴张开呈弧形，上下齿都露出，形成大笑；等等。

微笑。因为微笑有亲和力，因此演讲者运用得比较多的是微笑，微笑会给听众以愉快亲切或甜蜜的感觉。当与听众的交流取得一定效果时，微笑就可产生“共振效应”，从而消除隔阂，拉近与听众的关系，增进与听众的感情。

不同的笑有不同的含义。演讲者的轻笑不仅是招呼听众的手段，而且还是一种婉拒的手段。当演讲者不便直接拒绝回答听众的某些询问时，就可以轻轻一笑了之，既可达到拒绝的目的，又不会让听众不满。

微笑不仅仅是一个简单的动作，更是一个表情。微笑是内心的自然流露，是伪装不出来的，即使非伪装不可，那也是苦涩的笑，倒不如不伪装。

（1）学会微笑

如果你对别人抱着友好的态度，自然会笑口常开，久而久之，微笑会自然地变成你生活和交际的一部分。当演讲者与听众交流时，如果以真诚的微笑相迎，肯定也会得到热情的回应——微笑。

（2）调节自己去微笑

当你某一时刻心情恶劣时，设法使自己笑出来，是改变心情最好的办法。无论在演讲过程中遇到多大的困难，处境如何痛苦，一旦自己笑了，就可能撑得过去，不会被困难压倒，也不会向困境屈服。

如果你是一个平时不太喜欢笑的演讲者，现在又想学会笑，那么可先从收集和剪贴各种趣事和笑料做起。建立一个简单的笑料档案，把自己所喜欢的笑话和漫画剪下来。另外，再准备一个记事簿，记下日常生活中遇到的可笑的事情，自己一翻阅就会笑起来。

（3）笑要注意场合

笑在一般主持场合中都是畅通无阻的通行证，但这并不意味着它在任何交际场合都适用。如果在不该笑的场合笑了，不仅起不到好的效果，反而会受到别人的冷眼，甚至会引起别人的愤怒。因此，演讲者在笑的时候，一定要注意场合。

微笑是为了表示演讲者与人为善，助人为乐，正确对待人生、正确对待社会的态度，因此在演讲过程中运用的微笑，会起到事半功倍的效果。

端正的体态

体态主要包括演讲者的各种静态的姿势，其中与演讲者关系比较密切的是立姿和坐姿。不同的立姿和坐姿能传达不同的信息。

演讲者是一个立体的人，形体也是体态的重要组成部分。体形美主要是指体态所表现出来的美感。我国古人要求的“立如松”“坐如钟”就是对体形美的基本要求。

站

所谓“站有站相”，就是说一个人在站立时切忌东倒西歪、耸肩驼背，站立时双脚间距不宜过大，以不超过一脚为宜。如站立时间较长，可以一腿伸直支撑，另一腿稍稍弯曲。站立交谈时，双臂可随谈话内容做一些手势，但不宜将手插入裤袋里或交叉在胸前，更不要摆弄一些小物品，因为这样做既不庄重，也显得缺乏自信。

因此作为演讲者，掌握基本的站姿礼仪，是非常有必要的。

1. 站姿的礼仪规范

双脚脚跟靠拢，身体重心主要落于双脚脚掌、脚弓上。脚尖开度为45度至60度，两腿并拢。无论是男人还是女人，站姿的基本要求都是“站如松”，基本要领是头平正，双肩平，两眼平视，下颌微收，面带微笑，挺胸，收腹，立腰，双肩放松，双臂自然下垂，双手在背后交叉或体前交叉，双腿直立。

脚尖开度为45度至60度，两腿并拢立直，髋部上提。双肩放松，气下沉，自然呼吸。双手臂放松，自然下垂于体侧，虎口向前，手指自然弯曲。腹肌、臀大肌微收缩并向上挺，臀部、腹部前后相夹，髋部两侧略向中间用力。脊椎、后背挺直，胸略向前上方挺起。脖颈挺直，头顶上悬。下颌微收，双目平视前方。

2. 站姿的注意事项

（1）站立时，以鼻子为中线的人体应大致呈直线，使竖看有直立感；肢体及身段应给人舒展的感觉，使横看有开阔感；侧面，从耳至脚踝骨应大致呈直线，使侧看有垂直感。

（2）站立交谈时，身体不要倚门、靠墙、靠柱，双手可随说话的内容做一些伴随手势，但动作不能太多、太大，以免显得粗鲁。不要将手插入裤袋或交叉抱在胸前，更不能下意识地做小动作。

（3）站立时不应东倒西歪，两脚间距过大，耸肩驼背，左摇右晃。

3. 不同场合的站姿

在升国旗、接受奖品、致悼词等庄严的仪式场合，应采取严格的标准姿态，并且神情要严肃。

在较为轻松愉悦的场合进行演讲时，女性演讲者的站姿，一般采取丁字步或立正的姿势。若双手端物品时，上手臂应靠近身体两侧，但不必夹紧，下颌微收。男士演讲者站立时，身体立直，挺胸抬头，下颌微收，双目平视，双膝并拢，脚跟靠紧，脚掌分开呈 V 字形，挺髋立腰，吸腹收臀，双手置于身体两侧自然下垂；也可以两腿分开，两脚平行，不超过肩宽，双手交叉于身后，右手搭于左手之上。

好的站姿能给人一种静态的美感，很多时候你做出什么样的姿势就会有什么样的精神状态，得体的站姿不仅会给人留下一种优雅的印象，而且会使自己变得神采奕奕。

坐

在一些情况下，也许演讲会需要采用坐姿，因此坐姿也是演讲者不能忽视的体态语言。

男演讲者入座时，要走到座位前再转身，转身后右脚向后退半步，然后轻稳地坐下。女演讲者入座时，若穿裙装，应把裙子下摆稍稍向前收拢一下，不要坐定后再起来整理衣服。

坐时要注意越坐得长久越要保持脊柱正直姿势，让自己的精神始终保持振作。注意不要把椅面坐满，但也不要为了表示谦虚，故意坐在椅子边沿上。坐势的深浅应根据腿的长短和椅子的高矮来决定，一般应坐满椅面的三分之二。最适当的位置，是两脚着地，大腿与地面呈直角。与人交谈时，身子要适当前倾，不要一坐下来就全身靠在椅背上，显得体态松弛且不礼貌。坐沙发时，因座位较低，更要注意两只脚摆放的姿势，双脚侧放或稍加叠放较为合适。不要一直前伸，要控制住自己的身体，否则身子下滑形成斜身躺在沙发里，显得懒散。更不宜把头仰到沙发背后去，把小腹挺起来，这种坐相显得很放肆，极不雅观。

女士演讲者就座时不可跷二郎腿，更不可将双腿叉开，这种坐法是最不雅观的坐姿。刚坐下时就要注意先把双脚的脚跟合拢。

女士演讲者除了要保持腿部的美以外，背部也要挺直，不要弯胸曲背。椅子如有扶手时，不要把双手平放在椅子的扶手上，显出老气横秋的样子。

在与人交谈时，不要将脚跨在椅子或沙发扶手上或架在茶几上，也不能用手掌支撑着下巴，更不能坐在写字台或椅背上与人交谈，这会毁掉你温文尔雅的风度。

坐在椅子上同自己左侧或右侧的人谈话时不要只扭头，这时可以侧坐，上体与腿同时协调地转向客人一侧。

正确的坐姿对坐的要求是“坐如钟”，即坐相要像钟那样端正。除此之外还要注意坐姿的娴雅自如。其基本要领是：上体自然坐直，两腿自然弯曲，正放或侧放，双脚平落地上并拢或交叠，双膝自然收拢，臀部在椅面的中央，两手分别放在膝上（女士双手叠放在左膝或右膝上），双目平视，下颌微收，面带微笑。

端坐时间过长，会使人感觉疲劳，这时可变换为左侧坐或右侧坐。无论是哪一种坐法，都应以娴雅自如的坐姿来达到尊重别人的目的，给别人以美的视觉感受。

体姿语言除了具有传播信息、表达思想感情的功能外，同时还具有直接的审美功能，有利于塑造演讲者的自我形象。毛泽东也曾提倡过："以姿态助讲话。"因此，演讲者在仪态语言的应用上还应把握以下三点。

1. 端庄

所谓端庄，是指演讲者的形体不要偏向某一方向，身体的各个部位要平衡、挺直，不要歪歪扭扭。一个人头正了，肩平了，胸挺了，背直了，才能显示出健康和精神，加强言语的力量。

2. 稳健

所谓稳健，是指演讲者的身体各部位要相对"稳定"一些，不要动得太多。一个有经验的演讲者，一旦到了台上，除了一些必要的动作以外，基本上是"站如松，坐如钟"，不会轻易改变自己的位置和姿态。

3. 灵活

所谓灵活，是指演讲者身体各部位的姿态动作不仅与有声语言紧密配合，而且相互之间的配合也要和谐。由于很多主持活动是在大庭广众之下进行的，演讲者在心理上会有一定的压力，有些演讲者由于内心紧张，总是惦记着自己在听众心目中的形象，于是身体的各部位就会变得很不听使唤，形体语言和有声语言相互之间"各自为政"，不但分了工，而且分了家，好像不在一个整体之中一般，这样，越是担心自己的形象就越不利于塑造自己的形象。

演讲者的仪态语言在主持活动中，对增添演讲者的个性魅力、强化传播效果，无疑起着十分重要、不容忽视的作用。正如施拉姆所言：“尽管非语言符号不容易系统地编成准确的语言，但是大量的信息正是通过它们传给我们的。”因此，作为演讲者，应增强形体语言意识，提高美学修养，自觉运用、把握形体语言，完善自我形象。

得体的仪表

仪表语言是演讲者身体语言的重要组成部分。仪表主要是指服饰、美容化妆和发型等。下面我们就从与演讲者关系最为密切的几个需要注意的方面来展开介绍。

1. 珠宝首饰巧佩戴

有些演讲者有一个错觉，以为佩戴的珠宝越多，或首饰上的宝石越大，越能凸显自己高贵的一面。而事实却恰恰相反。佩戴的首饰越多，越会给人以烦琐和凌乱的感觉，越会降低演讲者的品位。其实，演讲者只要能巧妙地配合自己的年龄、身份和当时的场合，即使是数件款式简单的首饰，也能把自己衬托得更具魅力。

对于女性演讲者来说，该如何恰到好处地佩戴首饰呢？本书在参考一些专家建议的基础上，结合实际情况，总结出以下几点：

（1）项链

通常，所戴的项链以一条为宜。项链从长度上来讲，可分为四类：短项链，约 40 厘米，适合搭配低领上装；中长项链，约 50 厘米，这是被人们广泛佩戴的一类；长项链，约 60

厘米，多为女士使用于社交场合；特长项链，70 厘米以上，多用于隆重的社交场合佩戴。

在佩戴项链时，应注意和自己的年龄及体形相协调：脖子细长且年轻的女士佩戴仿丝链，更显玲珑娇美。

佩戴项链也应和所穿的衣服相协调：丝绸衣裙应佩戴精致、细小的项链；单色或素色服装宜佩戴色泽鲜明的项链。如果是搭配低胸一点的衣服，坠子最好选长一点的，这样更能突出身材的高挑。

（2）戒指

一般情况下，只戴在左手，以一枚为宜，有时候可以戴两枚，这种情况下，可戴在左手两个相连的手指上，也可戴在两只手对应的手指上。

戒指的佩戴不仅是一种美的体现，还有着其他的含义，它往往暗示佩戴者的婚姻和择偶状况：戴在中指上，表示已有了意中人；戴在无名指上，表示已订婚或结婚；戴在小手指上，则暗示自己是一位独身者；如果把戒指戴在食指上，表示无偶或求婚。

（3）耳环

在选择耳环时，应根据脸形特点。圆形脸不宜佩戴圆形耳环，因为耳环的小圆形与脸的大圆形组合在一起，会使圆脸的特点更加突出而显得不美观；方形脸也不宜佩戴圆形和方形的耳环，因为圆形和方形并置，在对比之下，方形更方，圆形更圆，显得不协调。

（4）手镯

手镯可以只戴一只，也可以同时戴上两只。戴一只时，通常应戴于左手；戴两只时，可一只手戴一只，也可以都戴在左手上；戴三只手镯的情况比较罕见；不要在一只手上戴多只手镯。

（5）领针

它是专用于别在西式上装左侧领之上的饰物。佩戴领针，数量以一枚为限。而且不宜与胸针、纪念章、奖章、企业徽章等同时佩戴。注意不要将领针别在诸如右侧衣领、书包、围巾、裙摆、裤管等不恰当的位置上。

（6）胸针

胸针的图案以花为主，所以它又被人叫作胸花。胸针的位置比较讲究，也比较严格，一定要按规矩来，否则就会闹笑话。穿西装时，应别在左侧领上；穿无领上衣时，则应别在左侧胸前；发型偏左时，胸针应当居右；发型偏右时，胸针应当偏左。其具体高度，应在从上往下数的第一粒、第二粒纽扣之间。

（7）挂件

挂件又被人叫作项链坠，在一般情况下和项链同时使用。它的形状有很多，常见的有文字形、动物形、鸡心形、元宝形、十字形、镶宝形、吉祥图案、艺术造型等类型。选择挂件，要优先考虑它是否与项链般配，要让两者在整体上保持协调一致，不然会显得不伦不类，那样还不如不戴。在正式场合，不要选用过分怪异的挂件，也不要同时使用两个或两个以上的挂件。

（8）手链

手链佩戴于手腕上，在普通情况下，手链应仅戴一条，并应戴在左手上。在一只手上戴多条手链、双手同时戴手链、手链与手镯同时佩戴，一般都被认为是不雅观的。

（9）脚链

脚链是佩戴于脚踝部位的链状饰物，主要适用于非正式场合。佩戴脚链，是用来引起别人对自己脚踝、小腿等相关使用部位的注意，以显示自己在此处的优点。脚链一般只戴一条，戴在哪一只脚踝上都可以。

佩戴珠宝首饰，重要的是巧妙、恰当，而不是数量。如果佩戴过多的首饰，不仅不能以珠光宝气来吸引人，反而会给人俗不可耐的感觉。

2. 发型

有人说："头发是一面飘扬的形象和品质的旗帜。"的确，头发给予人的不仅是美丽，而且是一种生命的象征，一种生活品质的标志。如果一个人的头发脏乱粗糙，就会给人以不良印象或引发一定的误解，从而使其在对方心中的形象大打折扣。

有时发型的变换会比发型本身更为重要。变换发型是演讲者改变自身形象、精神面貌的最直接方式，也是塑造自身新形象的一个最有效的捷径。

为了达到更好的效果，应根据脸形和身材来选择发型。

（1）长脸形

要用优雅可爱的发式来缓解由于脸长而形成的严肃感。在发型的轮廓上，要压抑顶发的丰隆，使顶部平伏，前发宜下垂，使脸部变得圆一些，同时，还要使两侧的发容量增加，以弥补脸颊欠丰满的不足。对于脸形狭长的女士演讲者来说，将头发做成卷曲波浪式，可增加优雅感，应选择松动而飘逸、整齐中带点乱的发型。

（2）圆脸形

应增加发顶的高度，使脸形稍稍拉长，给人以协调、自然的美感。在梳妆时要避免面颊两侧的头发隆起，否则会使颧骨部位显得更宽。宜侧分头缝，梳理垂直向下的发型，直发的纵向线条可以在视觉上减弱圆脸的宽度。

（3）方脸形

这种脸形的梳妆要点是以圆破方，以柔克刚，使脸形的不足得以弥补。可将头发编成发辫盘在脑后，使人们的视觉由于线条的圆润而减弱对脸部方正线条的注意。前额不宜留齐整的刘海，也不宜全部暴露额部，可以用不对称的刘海破掉宽直的前额边缘线，同时又可增加纵长感。两耳边的头发不要有太大变化，避免留齐至腮帮的直短发。

（4）菱形脸形

整个脸形的上半部为正三角形，下半部为倒三角形。用发型矫正这种脸形时，上半部可按正三角形的方法处理，下半部则按倒三角形脸形的方法处理。一般将额上部的头发拉宽，额下部的头发逐步紧缩，靠近颧骨处可设计一种大弯形的卷曲或波浪式的发束，以遮盖其突出的缺点。

（5）三角形脸形

根据发型与脸形的比例关系，梳理时要将耳朵以上部分的发丝蓬松起来，用喷发胶或定型剂可以达到这种效果，这样能增加额部的宽度，从而使两腮的宽度相应地减小。

（6）倒三角形脸形

在梳理时要注意扬长避短，以便达到整洁、美观、大方的效果。适合选择侧分头缝的不对称发式，露出饱满的前额，发梢处可略微粗乱一些，这样能将年轻演讲者的纯情、甜美、可爱等特点直观地表现出来。

（7）高瘦女性

一般高而瘦的身材大多是比较理想的身材。但高瘦身材者有时容易给人以眉目不清的感觉，或者是面部不够丰满，而稀少单薄的头发则会令人感到乏味，因而在梳妆时要注意增加发容量。适当地加强发型的装饰性，或在两侧进行卷烫，对于清瘦的身材有一定的协调作用，能够让演讲者显得活泼而有生气。

（8）矮胖女性

在发型的梳理上宜用精致巧妙的束发髻，整体发式要向上伸展，亮出脖子，以增加一定的视觉身高，不宜留长发，应选择有层次的短发和前额翻翘式发型。

总之，作为演讲者，在运用仪表语言技巧时，必须结合具体的人、具体的内容、具体的情境、具体的背景，才能始终保持畅通无阻的信息交流。每个演讲者都应该掌握好这一技巧。

巧用手势增添演讲气势

手是人体的表情器官之一。手势是使用频率最高的体态语言形式。寓意深刻、优美得体的手势，能产生极大的魅力，激发听众的热情，加深听众对演讲内容的理解，使演讲获得成功。

运用手势要注意以下六个原则。

第一，上、中、下三区的运用。

上区，就是手势在肩以上，表示积极向上，一般用在号召、鼓动、赞美、表扬的时候。

下区，就是手势在腰以下，表示消极的、不好的，一般用在批评指责的时候。

中区，就是手势在肩与腰之间，表示一般的描述表达。

一般在演讲过程中，大部分手势都在中区。

第二，场面大，手势大；场面小，手势小。

当会场大、人数多的时候，我们的手势要做得大气，做出来要让听众都能看见。

当会场小、人数少的时候，我们的手势要做得小一些，手势太大了，反而会让听众感觉有点张牙舞爪，和现场不协调。

第三，肩发力，表示力量；肘发力，表示亲切。

第四，手势应该停留足够长的时间。

手势一做出去，马上就收回来，会使听众对你立刻失去信赖感。

如歌星在现场唱歌时，他（她）的手势会指着一群人较长时间才放下来，然后再去调动另一群人的情绪。

第五，自己的思维“仓库”里要存储三到五个手势。

在运用手势的过程中，切忌一成不变，只做一种手势，那样显得太单调，太呆板。

第六，在运用手势的过程中一定要自然、协调。

做手势就像猫抓老鼠一样自然，猫看到老鼠时，不会想姿势应该怎么摆，而是一下就扑上去，这就是最好的动作。

在有些演讲比赛中，有些选手讲完“我们一定会取得圆满成功”这最后一句话时，忽然想起老师说过最后加上一个动作效果会更好，马上刻意地补上一个手势，结果就显得有点做作。所以不要为做手势而做手势。

初学者刚开始可以多学学别人比较优美潇洒的手势，模仿是最快的学习，然后再慢慢地形成自己的风格。当然，刚开始做手势时，会显得不协调甚至有点别扭，这没关系，习惯就好了，所有的习惯都是从不习惯开始的。

◆ 演讲从塑造你的完美仪态开始 ◆

微笑可以拉近与听众的距离

笑是人脸上最棒的表情，也是一个人涵养、自信与情感的外在表现。

手势语言富有强大的感染力

可以烘托气氛，起到比语言更有力的鼓舞作用。

用目光语表达你的思想和情感

眼睛是心灵的窗户，眼神是心态的轨迹。目光语具有很强的征服力。

第五章

以情动人，让听众感受到你的热情

以情动人是有效的说话方式

想要达到说服人的目的，不要过早地透露自己的真实意图，有时需要绕道而行，聊些对方感兴趣的话题，然后再按照预定方案实施自己的计划，这样成功率更高。倘若开始就与对方展开“唇枪舌剑”，单刀直入，往往会遭到拒绝。

伽利略年少有为，他年轻时就下定决心要在科学研究上有所突破，并希望得到父亲的支持与赞许。

一天，他对父亲说：“父亲，我想向您请教一件事，为什么您选择了母亲?”

父亲简单地说：“我喜欢她。”

伽利略又说：“您只愿娶母亲?”

父亲说：“是的，孩子，我向老天发誓。当时家里希望我娶一个贵妇，可是我对你妈妈情有独钟，不愿意与其他女人结婚，你母亲当年是一位姿色动人的姑娘。”

伽利略继续说：“确实如此，你只娶你爱的人。可是，父亲，我现在也陷入了同样的处境。我只喜欢科学，除了科学以外，我无法从事其他行业。我认为，其他职业对我来说没有任何意义，难道父亲要我违背我的内心吗？科学是我今生最为热爱的行业，也是我唯一的追求，我对它的爱胜过其他所有行业，凡人皆愿成家，哪怕是最穷的人，都想过自己的婚事，可我却只想与科学为友。我不曾与人相爱，我想今后也不会，我只愿与科学为伴。当人们问及婚事，我就感到羞臊。”

父亲没有说什么，而是陷入了思考。

伽利略继续说：“亲爱的父亲，我自信有能力为科学做贡献，为什么不让我去实现自己的愿望呢？我有决心成为一名杰出的学者，并获得教授身份。有了这个工作，我一定会比别人活得更幸福。”

父亲说：“可是我无法给你资金支持。”

伽利略充满期待地说：“父亲，您听我说，许多贫困生都是靠领取奖学金来读书的，这钱是公爵宫廷给的。能否为我申请一次呢？您在佛罗伦萨有那么多朋友，他们对您十分尊敬，如果去请他们帮助，我想一定会有人帮我的。如果您能够到宫廷去为我办这件事，公爵的老师奥斯蒂罗·利希会告诉你我的能力。”

父亲被伽利略的话说动了：“嗯，我尽力支持你。”

伽利略抓住父亲的手说：“我求求您，您一定要想尽一切办法，这关系到我的一生，我以人格向您保证，我会成为优秀的科学家，并以此来报答您。”

最终，伽利略借助父亲的帮助，实现了自己的理想，成了一位令世人瞩目的科学家。

那么，说话时应如何婉转表达，又怎样才能实现自己的目的呢？以下两点可供参考。

1. 先讲些其他不相关的话题

许多人喜欢单刀直入式的说服方式，认为这样最有效，殊不知，并非任何人都适合这种说服方式。因此，就要因人而异。在现实生活中，许多人会排斥他人的直言，认为那是一件丢面子的事。如果采取正确的说服方式，往往更容易说服对方。

在说服别人时，先讲些无关主题的话，便可帮助人们实现说服的目的。这样不但可以降低被说服者的防范意识，还可以使交谈双方产生共鸣，为实现目的奠定基础。

2. 推彼及此

在闲谈过程中，多谈及两人的共同爱好，让对方感觉你们之间有许多共同的特质，从而产生共鸣。这就意味着你离成功不远了。

激情是演讲的灵魂

激情演讲是最能表现一个人口才的说话方式，相应地，这也需要很强的口头表达能力。一个没有良好口才的人，无法做到激情演讲。激情源于梦想，它能引发潜在的能量，爆发内心的激情。练就好口才就要学会演讲，而演讲一定要充满激情。因此，作一名优秀的激情演讲者，让你的听众为你欢呼吧！

激情来自心灵，出自行动。它需要积极的心态做沃土，不断的努力做养料，辛勤的汗水做阳光雨露，孕育最后的成熟。而激情演讲的基本要求就是要充满激情，从而打动听众。

美国伊利诺伊州联邦参议员贝拉克·奥巴马正式接受美国民主党总统候选人提名，美国历史上第一名主要政党黑人总统候选人宣告诞生。

奥巴马当晚在 8 万多名现场观众的注视下发表时长 44 分钟的演讲，试图向会场内外的美国人证明：他与选民没有距离；他能在总统选举中打败共和党总统竞选人约翰·麦凯恩。

面对震耳欲聋的掌声，奥巴马看似完全放松，泰然自若。“怀着强烈的感激和深深的谦恭，我接受你们的美国总统候选人提名。”他试图在演讲中与中低收入阶层选民拉近距离，使他们相信，自己与他们没有距离。奥巴马说，那些从伊拉克和阿富汗回国的老兵让他想起自己曾参加第二次世界大战的外祖父；那些生活压力过重的学生让他想起自己吃苦耐劳的母亲；那些遭遇职场歧视的女性则让他想起外祖母。

“我了解（你们的苦衷），”奥巴马说，“我今晚站在你们面前，因为全美国有一种情绪在涌动。那些对我说‘不’的人并不理解，这场选举的主角不是我，而是你们。”

提及对手麦凯恩，奥巴马完全“拉下脸”。他说，在经济、医疗保障、教育等一系列问题上，麦凯恩从未有过“独立”观点，简直是美国总统乔治·W. 布什的翻版。奥巴马说：“我不认为麦凯恩不在乎美国人的生活遭遇困难。我只是觉得他根本不了解。”

奥巴马说：“11 月 4 日（总统选举日），我们必须站起来说：‘8 年，够了！’”

上面的文字部分引用了奥巴马在竞选总统时的激情演讲内容，从这次演讲中不仅能看出奥巴马的演讲能力与口才，还能看出他的说话方式与演讲稿中所要求的语气的契合程度。可以说，没有好口才，是不能把握好其中的分寸的。锻炼口才的一个重要方式，就是训练自己的演讲口才，掌握激情演讲的技巧就能掌握说话的方式，进而使自己的口才得到极大的进步。

好口才是后天训练出来的，激情演讲的口才也是可以通过后天的锻炼培养出来的。而且激情演讲也是一门学问，想要改变自己的说话方式与口才，就要掌握激情演讲的方式。只有好的激情演讲方式，才能打动、鼓舞并召唤听众。

好的激情演讲总能给人们留下深刻印象，做到激情演讲，就应该注意以下几点：

首先，要主题鲜明。演讲者在演讲中要旗帜鲜明地表明自己的主张和观点，其主见不能模棱两可，人云亦云，要有别人不曾有过的见解。其次，要有激情。演讲时要神情激昂，精神饱满，吐词铿锵有力，掷地有声，富有极强的感染力；再次，选用材料突出典型，用突出典型的材料来证明自己的观点，使别人无可辩驳。最后，要结构严谨，逻辑性强。总之，整篇篇幅要短小精悍，通过摆事实、讲道理，以理服人，以情感人，达到召唤人、感染人的目的。

当然，要做到激情演讲需要注意的地方并不仅仅只有上述几点，但是它们却是最主要、最基本的。好的演讲还需要在掌握上述方式的情况下做到层次清楚、主题集中、讲述流畅，这样就是掌握了好的演讲技巧了。

做好激情演讲，还应该控制自己的心态，以适应演讲中的“八大心态”。而所谓的“八大心态”就是成就心态、学习心态、付出心态、宽容心态、平常心态、乐观心态、自律心态、感恩心态。“八大心态”之间有一种内在的关联，理清楚了它们之间的内在联系，对掌握激情演讲的重要方式有积极意义。

让你的演讲兴奋起来

演讲说到底是思想的共鸣、情绪的感染。演讲中最能赢得听众情感共鸣的是你思想的火花。所以在演讲中要不断地设置一些“兴奋点”。所谓兴奋点，是指散落在演讲稿中那些富有激情，容易对听众产生较强刺激或引起其高度重视、能使人产生强烈共鸣的词句。在演讲稿中设置兴奋点，不但能有效地引发演讲者的深入联想，有利于增强演讲者的自信心，使演讲更加生动感人，而且会让听众时刻跟着演讲者的思维转。这样，台上台下就会同呼吸、共悲欢，形成讲与听的整体效应。

正常一场演讲，开台、主体、结尾都要能够有“兴奋点”，同时要争取在主体部分比较长的情况下，能够每隔两三分钟设置一个“兴奋点”，让演讲整个流程起伏有度、有张有弛、收放自如，这样的演讲水平就很高了。那么，如何设置演讲的“兴奋点”？

1. 酝酿浓厚情感，留出掌声空间

掌声能够活跃会场气氛，给演讲者以感情回报，使之心情更加愉快，思维更加敏捷，也能给听众以陶冶，使之更加认真投入。掌声的调剂会使演讲产生强烈的现场感染力，因此，起草演讲稿时应有意识地给掌声留出一定的空间。这就需要在演讲稿中主动运用那些带有浓厚感情色彩、充满激情的语言，运用那些立场鲜明、见解独到、能够给听众以深刻启迪的语言和那些热情歌颂真善美、无情鞭挞假恶丑的语言。这些语言能让听众受到激励、鼓舞和启发，从而让观众自发地鼓掌。

2. 运用名人佳句，满足听众心理

所有能够引起听众兴趣和热切关注的事例、名言、佳句和精辟独到的见解，都属于兴奋点的范畴。

在演讲稿中，按照演讲内容需要，有计划、有目的地选取一些兴奋语言，绵延不断地“埋设”在演讲稿中，让它像星星一样闪烁，像眼睛一样放射出睿智的光芒，会拉近演讲者和听众的心理距离，满足听众的心理需要，但要讲求顺理成章、水到渠成，千万不能不顾对象，故弄玄虚，刻意求工。

美国总统杜鲁门在日本投降时发表的广播演说中，首先把人们的注意力集中到了日本签署无条件投降的美军军舰密苏里号上，接着又回顾了四年前的珍珠港事件，让所有美国人的心都为之跳动，在缅怀亲人的同时，阐明这是自由对暴政的胜利，并认定“胜利后的明天将是全世界和平与繁荣的希望”。整篇演讲跌宕有致，让人民对明天充满必胜的信心。

3. 敢于打破定式，善于标新立异

人都有好奇心，满足人们的好奇心和求知欲本身就具有兴奋作用。打破常规，标新立异是设置兴奋点的好方法。为了使演讲吸引听众，在尊重文化传统和思维习惯的基础上，要对演讲稿进行必要的创新，打破思维定式，要敢于创造，善于借鉴，造清新之气，树时代新风。

外交场合的演讲大多平稳有度，但1972年尼克松来华时，在一次演讲中却说：

> 长城已不再是一道把中国和世界其他地区隔开的城墙。但是，它使人们想起，世界上仍然存在着许多把各个国家和人民隔开的城墙。长城还使人们想起，在几乎一代人的岁月里，中国和美国之间存在着一道城墙。

听到这里人们不知来意是善是恶，自然细心聆听下文：

> 四天以来，我们已经开始了拆除我们之间这座城墙的长期过程。

一句话让人轻轻放下提起来的心。

4. 加大抑扬顿挫，提高刺激强度

从生理学角度讲，在额定域值内，人的感官接收外来刺激的强度越大，神经兴奋的程度便越高。心理学研究表明，人们最容易记住对自己有重大影响、对自己有利、自己主观愿意记住的或给予自己重大刺激的信息。听众对演讲反应强弱，或者说演讲对听众兴奋程度的影响，在一定程度上取决于演讲语言的强度。演讲语言的强度主要取决于演讲者对演讲内容的熟悉程度、对事物的感悟程度、对问题分析的透彻程度和现实立场的鲜明程度。演讲要尽最大努力把问题看得透彻、准确、鲜明，始终给听众一种压力感和责任感。在演讲中，声音忽高忽低，节奏忽快忽慢、抑扬顿挫，则演讲效果会出奇地好。一般在声音由低到高、由慢到快的过程中，会引起强烈的冲击力，让听众产生共鸣。

5. 运用各种语言炸弹，让你的演讲威力四射

“语言炸弹”是指在演讲中能够吸引听众、引起共鸣的绝妙好词，一般语言炸弹是采用各种各样的修辞手法制造出来的强烈“听觉效果”，比如运用对比、排比、比喻、拟人、顶真等。

例如泰戈尔在清华大学的一次演讲开头便说：

> 我的年轻的朋友，我眼看着你们年轻的面目，闪亮着聪明与诚恳的志趣，但是我们的中间却是隔着年岁的距离。我已经到了黄昏的海边；你们远远地站在那日出的家乡。

这是运用对比的形象化语言，这些相对陌生而又清新雅致的诗句从诗人的口中缓缓流出，哪一个听众能不为之动情动容，继而为他的妙语连珠所吸引？他由此升发开去的保持纯净灵魂和自由精神的演讲自然就异常深入人心。

充分表现内心的热忱

当你走上演讲台时，要带着充满企盼的表情，而不要像一个登上绞刑架的犯人。或许你轻快的步伐是假装出来的，但它却能为你创造奇迹，让听众感受到你谈这件事的强烈愿望。

在演讲之前，你可以再深吸一口气，抬起头，仰起下颌，告诉你自己："我现在就要给听众讲一些有价值的事情。"在这种提示下，你全身的每一部分都应该清晰地表现出你想让听众知道这一点。

你要把自己想象成大权在握，就像威廉·詹姆士教授所说的那样，要表现得"好像是这样"。如果能将你说话的声音传到大厅的后方，这样的音效会让你更有信心。如果你在一开始就能使用手势，它们更能令你精神振奋。

杜纳德和艾林诺·雷尔德把这些行动描述成"预热反应"。在任何需要心灵感觉的情况下，这项原则都很适用。在他们的著作《有效记忆的技巧》中，以罗斯福总统为例，说他"活泼而愉快地度过了一生，他充满了雀跃、活力、冲撞和热忱。这些正是他的特征。他总是对自己要处理的一切事情充满了浓厚的兴趣，浑然忘我，或者假装得就像这个样子”。泰迪·罗斯福也这样阐释了威廉·詹姆斯的哲学：“表现热烈，这样对自己所做的一切自然便会热烈起来。”

总而言之，要牢牢记住这句话：如果你表现出热情，你就会感到热情，去打开听众的心扉。

罗素·康威尔的著名演说《发现自我》，前后进行过近6000次演说。或许你会想，重复这么多次的演讲，可能已经根深蒂固地刻在演讲者的脑海里，演讲时的字句音调该不会有任何改变了吧？其实并非如此。因为康威尔博士知道，听众的知识水平与背景各不相同，那么必须要让听众感到他的演讲是有针对性的、活生生的东西，是特意为他们准备的。

为什么他能在一场接一场的演讲中成功地维系着和听众之间轻松愉快的关系呢？下面就是其中的奥秘。

“当我到了某个城市或某个城镇时，”他写道，“总是先去拜访那里的经理、学校校长、牧师，然后走进店里同人们交谈，了解他们的历史和他们个人的发展机会。然后，我才发表我的演讲，对那些人谈论适合他们当地的话题。”

康威尔博士非常清楚，成功的沟通有赖于演讲者使他的演讲成为听众的一部分，同时也使听众成为演讲的一部分。尽管《发现自我》成为最受欢迎的演说之一，但我们却找不到一本演说词的副本，也正是这个原因。由于康威尔博士聪敏睿智、洞察人性，而且勤奋谨慎，所以尽管这一相同演讲主题他给大约 6000 场的听众讲过，但每一次演讲都会有不同的内容。

通过这个例子，也许你应该有所领悟：准备演讲时，头脑里始终应该想着特定的听众。

深入人心，力求共鸣

演讲要收到最好的效果，演讲者最好学一些心理学方面的知识。要求演讲者了解听众的心理，演讲内容要触动听众的心，把握住听众。“对症下药”是常用方法之一。

对症下药是演讲者抓住听众的心理需要、以多种手段吸引听众注意力的演讲方法。

据报载：在美国某地一处公路急转弯处，竖着一块大牌子，上面画了一个漂亮的姑娘，笑眯眯地对着向她开来的汽车说：“我喜欢开慢车！”据说，那个急转弯处从此很少出车祸。据调查，司机们到那里都愿意一睹这位妙龄女郎的芳容，所以一般都减速。而且有的司机还说：“你既然喜欢开慢车，我就慢些吧！”

这块牌子的高明之处就在于它的构思新颖奇特，抓住了司机的兴趣、爱好和需要，那位姑娘的话本身就是对司机的尊重，效果非同一般。而公路上的一些路牌如“车辆慢行，减速”“一看，二慢，三通过”，意思都非常清楚，但却不会给司机留下什么印象。

演讲也要匠心独运，抓住听众的心理需求。

卡耐基曾讲述过这样一个故事：一个记者去采访某公司的经理。正逢经理的女秘书在向经理道歉，说是没有为他的小孩找到邮票。所以，这天经理对记者态度很冷淡，没有什么收获。第二天，这位记者拿了一些世界各地的邮票又去找这位经理，说是为他的小孩集邮送些邮票。可想而知结局会有多么美满。这就是掌握对方需要的重要性。演讲者必须时刻牢记听众的需要，只有对症下药，才能吸引听众的注意力。

演讲时除了要研究听众的心理外，还要研究人们的心理定式。当一个人拒绝接受对立意见时，他的抵触心理使其从精神到肉体都处于紧张收缩的状态。这种状态下的人，极不易改换思考问题的角度。反之，当一个人对谈话的对象怀有好感，对谈话内容产生兴趣时，他的精神和肉体都会处于一种放松的开放状态。这种状态的人很容易重新考虑或换一个角度思考问题。人们一定的心理活动所形成的准备状态，决定着以后同类心理活动的趋势，这就是心理定式。心理定式具有传染性。不良的心理定式，会给演讲带来极大的阻力。一场演讲，有一部分人鼓倒掌、喝倒彩，全场的形势就会很难控制。这就需要演讲者事先掌握听众的心理定式，在演讲准备中研究心理定式，在演讲过程中创造良好的心理定式，为演讲获得成功铺路。

创造出心理相容的气氛。听众乐于听取讲话是演讲成功的第一步。要让听众按照你的思路思考，一步步向你的观点靠近，这就要求演讲内容不超出听众心理所能承受的程度，能够“心悦诚服”。一旦超出听众心理相容度，就会让听众产生逆反心理，产生不良的心理定式，演讲也就功亏一篑了。

第六章

说好开场白，一开口就打动人

好的开头是成功的一半

好的开头是成功的一半。对于即兴演讲来说，这句话也同样适用。关于开场白的重要性，许多名人做出过很好的忠告。俄国大文学家高尔基说："最难的是开场白，就是第一句话，如同在音乐上一样，全曲的音调，都是它给予的。平常得花好长时间去寻找。"高尔基的这段话包含两层意思：第一，开场白至关重要，它的作用如同音乐的"定调"，规定着全曲的基本面貌和基本风格。第二，适当的开场白不是那么容易找到的，它是长期积累和苦心斟酌钻研的结果。

奥地利乐团指挥韦勒说："如同有'招眼'的东西一般，也有'招耳'的东西。首先，对于讲话者而言，有决定意义的是要获得听众的好感，引起他们的注意，开场白就是沟通讲话者和听众之间的第一座桥梁。"这位音乐家指出，讲话者的开场白必须"招耳"，即引起听众的注意，获得他们的好感。

获得听众好感的方式有多种。有的是在开头采用幽默语、形象语、发问语、警句、格言、典故、谚语等以引起听众的兴趣；有的则充满激情，具有振奋人心的作用。作为讲话者，不管你准备了多少内容，最初的 30 秒都是最重要的。不要小看这短短的开场白，它将决定此后你所说的每一句话的命运。听众将根据你给他们留下的第一印象来决定是否耐心聆听你的讲话。因此，只有独具匠心的开场白，以其新颖、奇趣、敏慧之美，才能给听众留下深刻印象，才能立即控制住场上气氛，在瞬间集中听众注意力，从而为接下来顺利讲话搭梯架桥。

1990 年，中央电视台邀请我国台湾影视艺术家凌峰先生参加春节联欢晚会。当时，很多人对他并不熟悉，而当他说完那妙不可言的开场白后，就一下子被观众认同了，并受到了热烈欢迎。他是这样说的："在下凌峰，我与文章不同，虽然我们都获得过'金钟奖'和'最佳男歌星'称号，但我却是因长得难看而出名。一般来讲，女观众对我的印象都不太好，她们认为我是'人比黄花瘦，脸比煤炭黑'。"此言一出，观众们便捧腹大笑。凌峰的这段开场白给观众们留下了其为人坦诚率真、风趣幽默的良好印象。后来，在"金话筒之夜"文艺晚会上，只见他满脸含笑地对观众说："很高兴又见到了你们，很不幸你们又见到了我。"话音刚落，全场便发出热烈的掌声。就这样，凌峰的名字被很多人记住了。

这个例子充分说明了开场白的重要性，像凌峰这样用幽默风趣的开场白吸引观众的注意力无疑是一种很有效的开场方式，也正因为他的开场白说得好，一开始就抓住了观众的心，才能在接下来的发言中让观众认真倾听。瑞士作家温克勒说：“开场白有两项任务，一是建立说者与听者之间的感情，二是如字意所示，打开场面，引入正题。”温克勒也强调开场白应建立说者和听者之间的认同情感，并为下面的讲话做好准备，而凌峰的开场白很成功地做到了这一点。

开场白没有固定的格式，可以千变万化，但无论是采用哪种方式作为开场，都应该注意不要一开始就说很多客套话，也不要故弄玄虚，而要提纲挈领地说明讲话的主旨。

鲁迅先生的演讲《少读中国书》的开头：“今天我的讲题是《少读中国书，做好事之徒》。我来学校是搞国学研究工作的，是担任中国文学史课的，论理应当劝大家埋首古籍，多读中国书。但我在北京，就看到有人主张读经，提倡复古。来这里后，又看到有些人抱着《古文观止》不放。这使我想到，与其多读中国书，不如少读中国书好。”这样的开头不仅交代了演讲的题目，而且点明了演讲的主题，起到了提纲挈领的作用。

曾有人指出：如果没有一个好的开头，想在整个讲话过程中始终做到轻松、巧妙地与听众交流思想是颇为困难的。通常那些有丰富演讲经验和演讲学识的演讲家，都十分重视开场白。之所以这样说是因为：开场白是讲话者传递给听众的第一个同时也是最重要的信号，能否抓住听众的注意力，引发他们听的积极性和兴趣就取决于这最初发出的信息。所以，一个精彩的开场白不仅能为整场讲话添彩，而且更容易让听众关注并认可接下来的讲话内容。但不管是哪种开场白的方法，使用时都应注意要因人而异，因事而异，灵活掌握。

10 种精彩的开场白方式

大凡成功的演讲，都要在开头下一番功夫，要精心设计和安排好开头，力求使演讲的开头像凤凰之冠那样俊美、漂亮。演讲开头的艺术性，概括地说，就是要求“镇场”。所谓“镇场”，是戏剧舞台艺术的专门术语。演戏要求镇场，而演戏的镇场，大多用演员上场的亮相来“镇”。演讲也要求镇场，即一开始就要求将全场听众的注意力吸引集中过来。演讲镇场虽然与演讲者上台的风度、情感、气质有一定的关系，但主要还是靠演讲开头本身的语言魅力。下面就为大家提供 10 种比较有特色的开场白方式。

一、设问式

设问式开头可以制造悬念，促使听众集中注意力，积极思考。如李大钊的《庶民的胜利》，一开始就提出几个问题：“我们这几天庆祝战胜，实在是热闹得很。可是战胜的，究竟是哪一个？我们庆祝，究竟是为哪个庆祝？我老老实实讲一句话，这回战胜的，不是联合国的武力，是世界人类的新精神。”

对于设问式开头应注意：不能泛泛地为提问而提问，提问的信息要与对象、场合相适应，同时讲究内容的合理性和确定性，要使听众感到新鲜、出乎意料，能激发听众积极思考，而且要与后面阐述的问题联系紧密，能巧妙自然地引出讲话的主体内容。

二、故事式

讲话者一开始就讲述新近发生的奇闻怪事、令人震惊的重大事件或生动感人的故事，这种开头，由于故事具有情节生动、内容新奇等特征，容易赢得听众的关注，并能造成悬念，激起听众的兴趣。如《救救孩子》是这样开头的：

> 某报纸披露这样一个事实：一个四年级的小学生，每天要带父母亲手剥光了壳的鸡蛋到学校吃。有一次，父母忘了给他的鸡蛋剥壳，差点憋坏了孩子，他对着鸡蛋左瞅瞅，右看看，不知如何下口。结果只好原蛋带回。母亲问他怎么不吃鸡蛋，回答很简单：没有缝，叫我怎么吃！

以这个小故事为开头，引起了听众的思考。然后，讲话者提出：我们是否也应该考虑一下孩子的社会生活能力究竟怎样？今后他们能自立于社会、贡献于社会吗？

一位演讲者做《爱的真谛》演讲时的开头：

> 最近，我从报上看到这样一则新闻：一个男青年和一个女青年正在热恋中，女青年突然患病瘫痪，而男青年却并没有离开她，而是全力地帮她治病，下班后守在

她身边为她喂饭喂药。他顶着社会和家人的压力，一守就是5年！就在女青年要做大手术的前一天，男青年找来了一个平板车，拉着女青年到民政局领取了结婚证，叮嘱她：“放心做手术吧！不管结果如何，我都是你的丈夫……”

用故事触发兴趣的开头，要做到叙事简明扼要，短小精悍，不可啰唆拖沓；事情本身要有针对性，耐人寻味，能触发听众兴趣；所叙事情要与中心论题密切相关。

三、提问式开场白

提问式开场白，也叫作“问题引路”。讲话者一上台便向听众提出一个问题，请听众和自己一起思考，这样可以立即引起听众的注意，使他们一边迅速思考，一边留神听。这样不仅有利于集中听众的思想，而且有利于控制场面。同时，听众带着问题听讲，将大大增加他们对讲话内容认识的深度和广度。例如，在为财贸系统职工讲话时，有位讲话者是这样开场的：

我们财贸系统的同志，被人们戏称为“财神爷”。在座的各位，都是理财行家，做生意的能手。现在，请允许我向大家请教一个问题：（略停顿）美国十大金融财团的首富摩根，当年从欧洲到美洲时，穷得发慌，只得以卖鸡蛋为生。他弄了三篓鸡蛋，可卖了三天，一个也没卖出去。第四天，他让妻子去卖。结果，不到半天便全卖完了。请问，这是什么原因呢？

这样以生意之“磁”吸“财神爷”们的兴趣之“铁”，吸引力自然很大，一下便抓住了听众的心。

四、悬念式开场白

悬念式开场白即开头讲一个内容生动精彩、情节扣人心弦的小故事，或举一个触目惊心的事实来制造悬念，使听众对故事发展和人物命运深表关切，从而仔细听下去。例如，李燕杰的演讲《爱情与美》是这样开头的：

> 某年四月，北京一家公司的团委书记邀请我去做报告，我因教学任务紧张推托不去。这位团委书记恳切地说：“李老师，你一定要去，我们这次是请你去救命的。”我很纳闷……

听演讲者这么一说，听众也纳闷了：到底发生了什么事，非请他去不可？这样开场，吸引力极强。

五、“套近乎”式开场白

讲话者根据听众的社会阅历、兴趣爱好、思想感情等方面的特点，描述自己的一段生活经历或学习、工作中遇到的问题，甚至讲自己的烦恼、自己的喜乐，这样容易给听众一种亲切感，他们会自然而然地把你当成“自家人”而乐于听你讲。例如，原北京航空学院的项金红同志一次应邀到某体育学校演讲。一开始，他就介绍自己学生时代曾是学院田径代表队的队员，使听众觉得他是同行，有共同语言，双方的情感关系便一下子被拉近了。

六、赞扬式开场白

人们一般都有爱听赞扬性语言的心理。说几句让听众感到舒服的话能收到奇功异效。讲话者在开场时说几句赞扬性的话，可尽快缩短与听众的情感距离。有位演讲者到宜城做演讲，开场白充满赞美之情：

> 有人问我，最喜欢哪一首民歌，我脱口而出：《回娘家》！是的，宜城是我的娘家，是我母亲的土地。我热爱宜城，赞美宜城，也许首先是因为我们宜城人外表美。古代宜城有个叫宋玉的大文学家写道："天下之美在楚国，楚国之美者在臣里，臣里之美者为臣东邻之女。臣东邻之女，增之一分则太长，减之一分则太短，施朱则太赤，着粉则太白。"宋玉说，天下最美的人是我家东边隔壁的那位姑娘，那位姑娘增一分就太高了，减一分又太矮了；抹点胭脂太红了，搽点粉又太白了。各位老乡，你们说我们宜城人美不美呀？

听众热烈鼓掌。讲话者的巧妙引用，深情赞美，一下子抓住了听众的心。接着他讲宜城人心灵如何美，家乡如何可爱，一步步切入"爱家乡才能爱祖国，爱祖国就要投身改革大潮，创造有价值人生"的主题，收到了良好的效果。

七、新闻式开场白

新闻式开场白，即一开始就发布一条引人注目的新闻，以引起全场听众的高度注意。运用这种方式开场要注意两点：

一是新闻必须真实可靠，切不可故弄玄虚，否则愚弄听众只能引起听众的反感；二是事件要新，不能用早已过时的“旧闻”充当新闻。

八、道具式开场白

道具式开场白，也叫“实物式开场白”，即开讲之前先展示某件实物，给听众以新鲜、形象的感觉，引起他们的注意，从而一下子抓住听众的注意力，收到意想不到的效果。

有位演讲者向数百名教师做一场题为《做教育改革弄潮儿》的演讲。一上台就展示出齐白石的名画《雏鸡》，当听众的目光全被吸引过来之后，他才开口：

> 请看，在这幅一米多长、一尺来宽的画面上，齐白石先生只画了三只毛茸茸、憨乎乎的小鸡，其余处皆为空白，这些空白，给我们留下了无限广阔的想象和再创造的天地。看了这幅画，你是否会想到雏鸡会长成“一唱天下白”的雄鸡呢？你是否感到了春天的无限生命力呢？每个人可以根据自己的体验想象到很多很多——这就是“空白”的魅力。我们做教师的，能否都打破45分钟的“满堂灌”，也给学生留下一点回味和进行创造性思维的“空白”呢？

九、渲染式开场白

渲染式开场白，即运用形象的、充满情感的语言开头，创造适宜的环境气氛，引发听众相应的感情，进而吸引听众。如恩格斯在《马克思墓前的讲话》中的开头：

> 3月14日下午2点30分，当代最伟大的思想家停止思想了。让他一个人留在房里还不到两分钟，等我们再进去的时候，便发现他在安乐椅上安静地睡着了——但已经是永远地睡着了。

这个开场白，只用了短短的两句话，便把听众引进了一个庄严、肃穆、沉痛的气氛之中，激发了人们对革命导师的景仰、悼念之情，有利于听众接受讲话者接下来要展开的论述。

十、模仿式开场白

模仿某个人的语调或动作姿态，使听众产生丰富的回忆和想象，有助于推动讲话的深入。

> 大家还记得吗？1980年12月，在香港伊丽莎白体育场举行的世界杯亚太区足球预选赛中，中国队32岁的足坛老将18号容志行，（模仿宋世雄的音调）以其熟练、细腻、漂亮的盘带动作，晃过了对方三个后卫队员的拦截，在离对方禁区15米远处起脚射门！射出一个什么呢？射出了一个“足球热”。

由于演讲者模仿得惟妙惟肖，几乎能以假乱真，因此一下子就使全场的气氛活跃起来。但运用模仿式开场白，要注意内容、场所、听众心理、民族风格等因素的制约，要以讲为主，以演为辅，且应适可而止，否则会使人觉得华而不实，使听众产生逆反心理。

赋予名字一个说法

在演讲时，开场白往往是点睛之笔，对整场演讲起着至关重要的作用，有时甚至决定演讲的成败。如果在讲话开始时听众对你的话就不感兴趣，注意力一旦被分散，那后面再精彩的言论也将黯然失色。而很多人喜欢在开场的时候先做自我介绍，第一句话一般都是先说自己的名字，但这个过程一点儿也不出彩，很难引起听众的兴趣，你的名字也会很快被忘记。所以，要想开场的自我介绍能吸引人，就要在说法上下功夫，不妨试着给自己的名字编上特殊的意义，让听众一听就能记住演讲者，而由这个特殊的名字对接下来的演讲内容也产生兴趣。

请看下面这个自我介绍。

> 大家好，我叫马三立。三立，立起来，被人打倒；立起来，又被人打倒；最后，又立了起来，但愿不要再被打倒。我这个名字叫得不对，祸也因它，福也因它。

这是已故著名相声表演艺术家马三立先生做的自我介绍。

他将自己的名字和亲身经历结合起来，既形象又容易记忆，加上淡淡的调侃语气，使听众能够第一时间记住这个人，同时也成功地勾起了人们的好奇心，对他下面的讲话充满了期待。这就是在做自我介绍时，赋予名字一个说法的两点好处——宣传自己并吸引听众。

在公众面前做自我介绍和在生活社交中的自我介绍完全不同，在公众面前做自我介绍不能像生活中的自我介绍那么简单，毕竟你站在一个舞台上，既然站上去了，就要让大家对你多了解一些，你也可以把握机会宣传一下自己。自我宣传其实是一件非常重要的事，就像马云走到哪儿都会讲他的阿里巴巴，牛根生走到哪儿都会讲他的蒙牛，俞敏洪走到哪儿都会讲他的新东方一样，我们要学会不断去宣传自己，让更多人知道你，并对你留下深刻印象。那么，对于一些不像那些成功人士一样有“成就”可随时宣讲的人来说，用什么话题开场能适用于任何场合呢？不妨在自己的名字上做文章，因为名字人人都有，赋予它一个特别的说法，不仅能让听众快速记住你，而且这个开场可以说处处皆可用。

下面三个范例也可以作为参考，希望对大家以后讲话时的开场白有帮助。

亲爱的朋友们，大家下午好！我叫张文魁，弓长张，文武双全的文，一举夺魁的魁，来自思贤教育。今天很高兴能在这里认识这么多优秀的朋友，那么祝福在座的每一位朋友，自从认识文魁这一刻起，家庭更幸福，事业更成功，文武双全，一举夺魁！谢谢！

我姓宋，名德让。有一次，一位朋友对我说，他最愿意和我做生意，我说为什么，他说，和你做生意不吃亏，因为你送（宋）了还得（德）让。

我姓巩，巩俐的巩，虽然和这位大明星是一个姓，但我的艺术细胞却少得可怜。可我的名字却有骨气，红梅，它欺霜赛雪，傲寒迎春，自古以来就被文人雅士喜爱，希望大家记住巩红梅。

受以上范例启示，相信你也能赋予自己的名字一个有趣的说法，让听众印象深刻，很容易就记住你。

开场白的注意事项

开场白在整个演讲中具有极其重要的作用。尽管接下来的演讲过程可能听起来更令人紧张，但毋庸置疑，“良好的开端是成功的一半”。一个用心准备的开场白完全可以起到统领全篇的作用，集中注意力是开场白的关键任务，但它并不是开场白的唯一任务。下面是一个成功开场白的几项标准。

1．开场白不能长。

2．如果是稍长的演讲，应对演讲的主要内容做预告。

3．许多人用过的套话不要再用。如“我没什么要讲的，只因为……”“我很不会讲话，可是……”。其他陈词滥调也不要用。假如实在想不到更精彩的开场白，就以单刀直入开场，如“我与大家谈谈……问题……”“我赞成这样的说法，理由如下……”“我不同意那样的观点，我有如下根据……”

4．集中听众的注意力。至于使用什么样的方式由你自己决定。

5．让听众了解你的讲话目的和内容。

6．使听众对下文产生期待。以一个轻松的玩笑开头，然后进入陈述事实和理论论证部分，你的听众将在这一过程中逐渐放松并开始认真倾听你的讲话。

7. 与听众建立互动联系。激起听众的兴趣，尽量使他们放松，完全投入你的演讲中。演讲不是催眠，你要主动与听众沟通。

8. 告诉听众你的演讲与他们之间的关系，使他们坚信会从你的演讲中受益。

9. 使听众意识到你是演讲的操控者，给予他们必要的指导。例如他们应该何时、怎样处理这些问题。对每个新问题进行必要的解释。

10. 与听众一道深入探讨可能存在的相关问题，赢得听众的支持。

开场白的方式多种多样，演讲者不应拘泥于某一种形式，而应充分利用自己的优势进行自我宣传。你还可以利用各种视觉和声觉辅助工具。你的话题不必受时间和空间的限制，你可以自由地在过去、现在和将来的时空中穿梭，当然这些应尽量控制在简短的篇幅中。你可以从任何相关的背景中提取资源。总之，针对不同的听众，你可以相应调整、修剪自己的信息。

正如有各种各样吸引听众注意的开场方式，同样存在许多即使是有经验的演讲者也很容易陷入的误区，一旦陷入误区，你精心准备的演讲就会前功尽弃。以下就是几种不宜使用的开场方式。

1. 不要一开场就反复述说讲话题目和内容。这段时间是你激发听众兴趣、制造悬念的阶段，反复重复听众已知的内容显然不是明智之举。不要一开场就说："今天我要跟大家探讨的问题是……”

2. 不要一开场就拿腔作调，假装抱歉。你可能以为这可以使你表现得更加友善和谦逊，但事实往往事与愿违，听众会误以为你缺乏自信。

3. 不要对听众中的“重要”人物区别对待。没有必要说“谢谢主席先生、琼斯市长、史密斯议员……”诸如此类的话，只有在政党候选人面对非常尊贵的听众发表相当正式的讲话时才会使用这种过分客套的言辞。如果你想让听众注意他们中的某位人物，只需在讲话中直呼其名。

4. 不要解释你为何讲话。不要向听众解释你认为邀请你发表这番讲话的原因。记住，你站在台前便是最好的理由；你知道，听众当然也知道。即使非说不可，也应高度概括你的解释。

◆ 开好凤头，一开口就抓住人心 ◆

要殚精竭虑准备好开头，镇住场

好的开头就让你的演讲站住了脚，抓住了人心。

一开口就吸引住听众的注意力

用故事、设问开头，引起听众的关注和思考，为整场演讲定好调。

第七章

紧扣主题，抓住听众注意力

话题选择要亲民

在准备演讲之前首先要了解听众的情况：他们是什么人，他们的思想状况、文化程度、职业状况如何，他们所关心的问题是什么，等等。掌握了听众的特征和心理，在此基础上恰当地选择材料、组织材料，是讲话成功的必要条件。

一般来说，听众怀有浓厚兴趣的话题大多为以下几种类型。

1. 满足求知欲的话题。人们对于陌生的知识领域或神秘的事物总是充满了探索欲，于是便希望掌握各类知识，以解除内心的迷惘和困惑，充实和发展自己。这是人类生存的本能需要。

2. 刺激好奇心的话题。每个人都有好奇心。我们可以通过各类趣闻、名人逸事、突发事件、科学幻想、传奇经历等来激发听众的好奇心。

3. 与听众利益息息相关的话题。听众最关心的无非就是涉及自己切身利益的事情。因此，凡是关系到吃、穿、住、行等利益的讲话必定会受到欢迎。

不过，高明的讲话者更应该具备把间接涉及听众利益的话题转化为与听众直接相关的话题的能力。

4. 有关信仰和理想的话题。没有探索、没有理想、没有事业的生活将是一片空白。古今中外，人们都在为信仰和理想孜孜不倦地探索和追求着。因此，有关这方面的话题定能投大众所好，尤其是青年听众。但讲话的内容必须要有针对性、现实性和生动性，否则将不能引起听众的共鸣，也达不到讲话的目的。

5. 娱乐性话题。平淡无奇或过于严肃沉闷的内容不可能取得讲话的成功。然而若能在讲话中穿插些幽默、笑话或娱乐性故事类的话题，就能在短时间内提起听众的兴趣，这种话题大多用于礼仪场合和出于交际的目的。

6. 满足群众优越感的话题。世界上几乎没有人不喜欢奉承。所以讲话者应尽量掌握听众的基本情况，以便在讲话过程中穿插一些能满足听众优越感的话题，以期收到良好效果。

另外，演讲理论家邵守义先生也在《实用演讲学》一书中说道："演讲者只有了解听众，并从听众的实际出发，有针对性地选用材料，才能唤起听众的听讲热情和兴趣。"也就是说，选用有针对性的材料，讲话才能吸引听众。有针对性地选用材料，可以从以下几方面入手：

一、选用切合讲话场合的材料

2007 年 10 月 28 日晚，第四届鲁迅文学奖颁奖典礼，在鲁迅先生的故乡——浙江绍兴举行。中国作家协会主席铁凝有感而发，热情致辞。她在讲话中这样讲道：

一踏入鲁迅先生的故里，我就真切地感到文学的气场、气韵生动起来，鲜活起来。鲁迅先生的风骨，穿越了七十年的时光，在这个庄重而清明的夜晚，与我们每个人的内心相对。云山苍苍，江水泱泱；先生之风，山高水长……鲁迅文学奖给作家带来的，不仅是荣誉，更重要的是责任。我们相聚在这里，就是要继承鲁迅精神，积极履行人类灵魂工程师的职责。继承鲁迅精神，就是要像鲁迅先生那样心怀广大，致力于文学对社会现实的关怀与担当；就是要像鲁迅先生那样，用极富创造性的艺术形式表现一个时代、一个民族的精神品貌。因此，对我们来说，今天在这里，不是终点，而是一个新的起点。

铁凝首先真切地抒发了自己“一踏入鲁迅先生的故里”的内心感受，接着诚挚地表达了对中国文学工作者的“满怀敬意”，继而深刻地阐述了文学的价值和鲁迅文学奖的意义，最后明确地指出了鲁迅文学奖给作家带来的“责任”，并号召大家“继承鲁迅精神”，从“新的起点”向前迈进。这些针对性很强的情理和事理材料，不仅切合了颁奖典礼的特定场合，而且突出了鲁迅文学奖的活动主题，给现场听众以思想的启发和精神的激励。

二、选用适合听众文化程度的材料

近年来，著名健康问题专家洪昭光教授通过举办健康讲座，面向全社会传播科学的健康知识，受到大众的欢迎和媒体的好评。在一次题为《生活方式与身心健康》的讲话中，他这样分析和讲解遗传的影响：

> 遗传的影响，我们简单用一个例子来说明一下。小白兔应该吃什么呢？本应该吃萝卜，但假如从今天开始，让小白兔改吃蛋黄拌猪油，蛋黄胆固醇高，猪油是动物脂肪，四个礼拜胆固醇增高，八个礼拜动脉硬化，十二个礼拜小白兔个个得冠心病。下面，我们换用北京鸭子做实验，让它吃蛋黄拌猪油。结果很奇怪，不论鸭子怎么吃，天天吃，胆固醇都不高，动脉也不硬化，更没有冠心病。唉！这就奇怪了，怎么兔子一喂蛋黄拌猪油就动脉硬化，而鸭子就没有动脉硬化呢？道理很简单，兔子是兔子，鸭子是鸭子，遗传不同啊。人也是一样：为什么张三一吃肥肉，胆固醇就高，动脉就硬化，冠心病也来了，而李四天天吃肥肉，他什么事也没有？因为张三是兔子型的，李四是鸭子型的，鸭子型就没事，兔子型就倒霉，先天性倒霉。为什么有人吃得并不多，可就减肥减不下来，那个吃得很多的人却胖不了？就因为人的类型不同，有些东西遗传100%，有些遗传是个倾向。高血压、冠心病是一个倾向。

洪教授明白，听他演讲的人，大多是关注健康的普通群众，如果他一味使用专业术语进行讲解，就会使讲座变得曲高和寡，索然无味。因此，他在讲解有关医学知识的时候，往往选用一些通俗易懂的事例材料加以说明。比如，上例中，在讲解得病的遗传影响时，他就有针对性地选用了小白兔和北京鸭子的实验材料作为例子，从而深入浅出地说明了不同类型的人的遗传差异及其与疾病之间的关系，让听众懂得了高血压、冠心病的遗传倾向对人的致病影响。

三、选用符合听众心理需求的材料

2007 年 4 月 5 日，著名作家毕淑敏为她的心理励志小说《女心理师》在北京市监狱举行首发式。面对众多服刑人员，毕淑敏发表了题为《世界上最大的勇气莫过于相信奇迹》的讲话，她充满真情地讲道：

> 心理是身体的奇迹，人获得幸福与否取决于心理是否健康。曾有一家报社做过一个调查：谁是世界上最幸福的人。结果最幸福的人依次为：给孩子刚洗完澡，怀抱婴儿微笑的母亲；刚给病人做完手术，目送病人出院的医生；在沙滩上筑起沙堡，看着成果的孩子；写完小说最后一个字，画上句号的作家。看完这个消息，我有深入骨髓的悲哀。这些幸福，我几乎都曾拥有，但自己却感觉不到，是幸福盲。因此，幸福关键在于我们发现幸福的目光，在于内在的把握、永恒的感情和灵魂的拯救。

毕淑敏深知，这些服刑人员中的大多数人之所以被关在这里，是因为心理困惑和精神空虚导致他们最终触犯法律的，他们也渴望幸福的生活，却理解错了幸福的真正含义，为了所谓的“幸福”，他们不择手段，铤而走险，最终走上了犯罪的道路。于是，她针对这些特殊听众的心理困惑和精神需求，首先揭示了心理健康的重要性，接着引述了一个关于“谁是世界上最幸福的人”的调查材料，然后表达了自己是“幸福盲”的真实感受，最后得出结论：幸福的关键在于“我们发现幸福的目光”，在于“内在的把握、永恒的感情和灵魂的拯救”。她的讲话，重在心理分析和精神引导，既让服刑人员感到亲切，又能促使他们自我反省，从而达到针对听众进行心理矫正的目的。

此外，还可以选用契合听众兴趣和爱好的材料或者能向听众指明行动方向、教给听众行动手段和方法的材料等。总之，有针对性地选用材料，时刻把听众的愿望、想法、利益放在心上，才能使讲话吸引听众。

论据运用要有话说

大多数演讲的本质就是一篇议论文，目的是证明某个观点的正确性。所以，论据就成了演讲中不可缺少的一部分，它是证明观点的材料。观点要让人信服，就不能只是空洞地说教，需要有充分的论据来证明。

在议论文里，论据可以分为事实论据和道理论据两类。事实论据，包括有代表性的确凿的事例、史实以及统计数据等。“事实胜于雄辩”，典型的事实论据，常常是最有说服力的证明材料。因此，使用事实论据，让事实说话，是写议论文常用的基本方法，也是我们写讲话稿时应该被提倡的方式。如《发问的精神》一文，一连用了四个事例：牛顿由对苹果落地发问而创立了“万有引力”学说，瓦特由对壶水滚沸发问而发明了蒸汽机，释迦牟尼对人生发问而创立了佛教，孔子好问则成为万世景仰的圣人。从而有力地证明了“发问精神的可贵”。

作为论据的事实可以是具体的，也可以是概括的。《想和做》中有这样一段论证：“在学校里，有些同学很‘用功’，可是不会用思想。……另外也有一些同学，他们能想出些省力的、有效的方法，拿来记住动植物的分类，弄清历史的年代。”这里讲的“有些同学”，用的就是概括性的事实材料。有些不擅长写演讲稿的人，尤其是某些处于领导位置的人，刚开始尝试自己写演讲稿时，一旦写到论据部分，往往把自己的思路限制在名人事例的小天地里，其实只要可以证明论点，无论天下大事还是个人小事，都可以为你所用。

在使用事实论据证明某一个观点时，需要注意以下几个问题。

1．要注意事实材料的真实性，切忌胡编乱造

比如有时候由于材料记忆不准，又懒得再去核实，就把爱迪生发明电灯的事情安到了爱因斯坦身上。但事实又是为大多数听众所熟知的，一听就知道你说的是错误的，当然会影响效果，而且还会使听众对你的学识产生怀疑。

2．要注意材料与观点的一致性

特别是那些内涵丰富的材料，一定要仔细斟酌。有时一件事情的成因是多方面的，如果把握不好其中诸多因素的细微差异，就会造成论据与观点脱节。比如有一个材料是这样的：一位平时工作很努力的科学家，在业余时间喜欢研究围棋。某天，他收到一个重要课题要做，但时间有限，为了完成工作，他舍弃了平时钻研围棋的习惯，将业余时间也利用上，终于在限定的时间内取得了成功。但有人却用这个事例来证明“勤奋才能成才”，这显然不符合人们的思考逻辑，因为这个材料的主旨应该是为了事业的成功，要舍得割爱。材

料的主旨与观点须一致，才能证明观点的正确性。

3. 用事实论证还要注意对事实的分析论述

不能只是将事实一摆，事例讲完就不管了。只有经过分析论述，事例才能更有效地证明观点。有一篇题为《俭以养德》的演讲稿，为了论证“勤俭可以养德”的观点，内容中用了鲁迅不换新棉裤、坚持睡硬铺板的事例，紧随这个事例的是作者的议论：“是鲁迅连一条棉裤也穿不起吗？当然不是；是鲁迅吝啬吗？当然更不是。鲁迅对青年、对革命，向来是十分慷慨大方的。鲁迅深刻地领悟到这一真理：工作容易为安逸的生活所累。”这段分析，揭示了所用事例的意义内涵，使事例与自己要证明的观点更加自然、紧密地融为一体，事例的证明作用才更加突出、有力。

4. 事例的指向性和论证意识要鲜明突出

在讲述事例时，最好使用概述的方法，详细叙述能够证明观点的主要情节。在能够有力论证观点的前提下，事例的叙述应是越简洁越好。但有些人讲事例时缺乏论证意识，洋洋洒洒地把事情的全部经过描述一遍，占用的篇幅很大，却不能有力地证明观点。所以这一点应该注意，论述之前一定要明白你想要表达什么观点，然后在事例中找相同的部分，重点讲这一部分，其他辅助的材料可以几句带过。

与事实论据不同，道理论据是指经过实践检验的精辟理论、名言警句、民间谚语及公认的事理等。这样的言论有着一定的权威性和可信度，引用为论据，也能有力地证明观点，增强说服力。比如，要论证“贵在坚持”这一观点时，可以引用先贤荀子的名言“锲而舍之，朽木不折；锲而不舍，金石可镂”，因为这句话和观点十分贴切，其证明效果就很好。

使用道理论据，要注意所引语言与论点的一致。有的人在写演讲稿时因为引言得之不易，内容又好，不忍割爱，硬塞入文，反而破坏了演讲稿内容的统一。比如有人在论证“骄傲使人落后”的观点时写道：“马克·吐温曾说：‘每一个人都是一个月亮，他的一个阴暗面，从来不让任何人看见。’这不正是说明了人不能骄傲的道理吗?”显然，这则名言的使用是不恰当的。马克·吐温的话，意思是人都有两面性，这与“骄傲”并不是一回事，不能被用来证明观点。使用道理论据还要注意保证引言的准确性，引文的内容及出处都不能有误。论据不真实、不准确，必定会削弱讲话的说服力。

用好论据的前提，是讲话者头脑中丰富的知识储备。平时要关心时事，关注生活，多读书报，注意准确地积累材料。还要特别注意强化自己的联想能力，打开思路，调动自己全部的知识积累。联想的触角可以古今中外，无所不及。自己学到的东西、报刊电视上得到的信息、耳闻目睹的生活事件等，都可以拿来使用，成为证明论点的论据。

紧紧抓住听众的注意力

听众的注意力是有限的，无论讲话者怎样努力，总会遇到听众注意力不集中的情况，在这种情况下，讲话时需要想一些办法把听众的注意力吸引回来，否则就会导致讲话的失败及会场秩序的混乱。

1. 声东击西

所谓声东击西，兵法原文是这样写的："凡战，所谓声者，张虚声也。声东击西，声彼而击此，使敌人不知其所备。则我所攻者，乃敌人所不守也。"意思是：凡是作战，所谓声，就是虚张声势。在东边造声势而袭击的目标是西面，声在彼处而袭击此处，让敌人不知道如何来防备。这样我所攻击的地方，正是敌人没有防备的地方。

我没有踌躇过一刹那，去放弃那遵循格律的戏剧。地点的一致对我犹如牢狱般可怕，情节的统一和时间的一致是我们想象力的沉重桎梏。我跳进了自由的空气里，这才感到自己（生长了）手和脚。现在，当我认识到那些讲究规格的先生们从他们的巢穴里给我硬加上了多少障碍时，以及看到有多少自由的心灵还被围困在里面时，如果我再不向他们宣战，再不每天寻找机会以击碎他们的堡垒的话，那么我的心就会愤怒得碎裂。

法国人当作典范的希腊戏剧，按其内在的性质和外表的状况来说，就是这样的：让一个法国侯爵效仿那位亚尔西巴德却比高乃依追随索福克勒斯要容易得多。

开始是一段敬神的插曲，然后悲剧庄严隆重地以完美的单纯朴素（风格），向人民大众展示出先辈们的各个惊魂动魄的故事情节，在各个心灵里激动起完整的、伟大的情操；因为悲剧本身就是完整的、伟大的。在什么样的心灵里啊！

希腊的！我不能说明这意味着什么；但我感觉出这点，为简明起见，我在这里根据的是荷马、索福克勒斯及忒俄克里托斯：他们教会我去感觉。

同时，我还要连忙接着说：小小的法国人，你要拿希腊的盔甲来做什么？它对你来说太大了，而且太重了。

因此所有的法国悲剧本身就变成了一些模仿的滑稽诗篇。不过那些先生们已从经验里知道，这些悲剧如同鞋子一样，只是大同小异，它们中间也有一些乏味的东西，特别是经常都在第四幕里，同时他们也知道这些又是如何按照格律来进行的。这方面我就无须多花笔墨了。我不知道是谁首先想出把这类政治历史大事题材搬上舞台的。对这方面有兴趣的人，可以借此机会写一篇论文，加以评论。这发明权的荣誉是否属于莎士比亚，我表示怀疑；总而言之，他把这类题材提高到至今似乎还是最高的程度，眼睛向上看（的人）是很少的，因此也很难设想，会有一个人能比他看得更远，或者甚至能比他攀登得更高。

莎士比亚，我的朋友啊！如果你还活在我们当中的话，那我只会和你生活在一起；我是多么想扮演配角匹拉德斯，假如你是俄来斯特的话！而不愿在德尔福斯庙宇里做一个受人尊敬的司祭长。

这是歌德纪念莎士比亚的一篇讲话，但是他并没有直接说明莎士比亚的作品有多么优秀，而是说明另一些作品的特点，最后通过比较达到了赞美莎士比亚的目的。声东击西，是忽东忽西、即打即离的一种讲话方式。如果我们发现听众对于讲话的内容出现了疲劳和厌倦，再采用正攻的方法是无法取得预期效果的，这时可以采取佯攻，突然说些表面上和讲话没有太大关系的内容，反而能够引起听众的好奇心。

因此，在同听众接触时，不要太急于暴露自己的意图，尽量将对方的注意力转移到他所感兴趣的地方，使对方逐渐对你产生信任感，从而建立起良好的关系，此时讲话才能取得良好的效果。

2. 投石问路

当讲话者不确定某个论点是否能吸引听众时，就可采用这种方式。有时，为了了解对方心中的秘密，又不便直问，就可以用“投石问路”的曲问法进行试探。对于一些敏感的人来说，问者须得谨慎才行。投石问路之法也被广泛运用于审讯之中。

3. 欲正故谬

当讲话者发现听众走神时，可以故意将一些简单的问题说错，这样不仅能吸引没有走神的听众们的互动，而且能将走神听众的注意力吸引回来，还能够缓解讲话现场的气氛。当我们要启发听众思考某一个问题时，与其告诉他们答案或者给予提示，不如我们故意说一个错误的答案来刺激他们思考问题，因为当讲话者说错时，就能够激发听众思考的欲望，最显著的例子就是教师在教学时的提问方式。学生在上课时，注意力只能集中 20 ~ 30 分钟，但是通常教师都要讲 45 分钟，这样就会导致学生在后半段的课程中经常会走神，作为教师，为了保证教学质量，就要想尽一切办法把学生的注意力吸引回来，这时欲正故谬就是一种非常有效的方法。

4. 欲实先虚

所谓欲实先虚，是讲话者为了让对方顺着自己的意愿来展开话题而设下的一个圈套。这是因为平铺直叙地将道理讲述出来，有时无法打动听众的心，不能吸引听众的注意力。这个时候，由讲话者先虚设一问，这一问乍一看与讲话内容毫无关系，或者让对方摸不清虚实，当对方给出答案后，这种答案其实正是讲话者想要的，这时讲话者就可以抓住对方的话柄，以此为契机，得出想要的结论。这时，听众也就无法否认自己刚才说过的话了，这样也就无法否认讲话者的结论了。

语言要富有知识性

如果想要使自己的讲话语言充实动人，必须具有丰富的知识性。知识可以使讲话产生魅力，知识可以使讲话闪现光彩。那么，如何让讲话内容富有知识性呢？以下几点建议供大家参考。

1. 要有生活常识色彩

讲话要尽可能地掌握各种有用同时又极其普通的生活常识，如风俗人情、乡土言谈、趣闻逸事以及谚语笑话等。各种知识在讲话中恰当运用，常常可以取得很好的效果。比如，某位领导在公司的业绩考核大会上，看到下面的员工都神情紧张，就风趣地说："弦要拉紧才发音，但是，拉得太紧就会断。该紧的时候就紧，该松的时候就不要绷着了。"在这里，这位领导运用的是一个极其普通的常识，但说的却是一个极其深刻的道理。

2. 要有专业知识色彩

讲话需要常识，更需要专业知识。如果说常识能使讲话显得生动、活泼的话，那么，专业知识则可以使讲话深刻、严密。

鲁迅先生在中华艺术大学做过一次讲话，他从上古时代的绘画、19 世纪的新派画，一直谈到当时中国美术界的各种倾向，充分显示了鲁迅先生的知多识广，使听众受益匪浅。讲话者的专业学识水平直接关系着听众获取的知识量（或称信息量）及其质量。讲话者的专业知识丰富且有较深造诣，讲话就能深刻并给人以启迪。

3. 要符合逻辑

语言学家吕叔湘、朱德熙在《语法修辞讲话》中指出："要把我们的意思正确表达出来，第一件事情就是要讲逻辑，一般人所说的'这句话不通'，多半不是语法上有毛病，而是逻辑上有问题。"显然，逻辑是正确表达思想的首要条件。讲话者要使自己的讲话概念准确，判断恰当，推理合理，论证有力，同样要依靠逻辑，使之符合逻辑要求。

◆在演讲进程中，用你的高超演讲征服听众◆

利用情绪和语言，营造出一种场景

调动听众内心深处的情绪，发人深思，催人奋进。

引用诗歌大大提升感染力

诗歌往往感情浓缩、寓意深长，能深深打动听众的心。

第八章

结尾有力，让人回味无穷

号召式结尾

俗话说“编筐编篓，重在收口；描龙画凤，难在点睛”。讲话的结尾，就是讲话的“收口”“点睛”。美国作家约翰·沃尔夫认为“演讲最好在听众兴趣未尽时戛然而止”。其意就是说，最好在演讲达到高潮时果断“刹车”，以此来强化给听众的最佳印象。

拿破仑说过：“兵家成败决定于最后五分钟。”我们同样可以说，讲话的成败在相当程度上取决于讲话的结尾。这是因为，如果讲话者设计和安排的讲话开头和高潮精彩，再加上有一个出人意料、耐人寻味的好结尾，那么，就如同锦上添花，会给听众带来一种精神上的愉快和享受。相反，如果讲话者设计和安排的结尾没有新意而平凡无力，没有激起波澜而陈旧庸俗、索然无味，那么就会使听众深感遗憾，失望而去。因此，讲话的结尾要比开头和主体部分更出彩，内容要更有深度，语言要更有力度，方法要更巧妙，效果要更耐人寻味。可见，讲话的结尾是讲话走向成功的最后一步，它在整个讲话中起着不可忽视的重要作用。

好的结尾能揭示题旨，加深认识，给听众留下完整深刻的印象；能收拢全篇，使通篇浑然一体；能鼓动激情，促人深思，令人觉醒，能让听众在反复回味中受到教育和启发。所以，每位讲话者不仅要熟练地掌握讲话结尾的艺术技巧，而且要善于设计、安排出既符合内容要求，又符合讲话时境的新颖而又精彩的结尾，只有这样，才能使自己的讲话取得全面成功。

讲话结尾的类型和方法多种多样，不拘一格，讲话者可根据自己讲话的具体时间、地点、主题、听众及自己个性等因素，选择适合自己结束讲话的方法，使之有效地为讲话的思想和目的服务。归纳起来，常见的讲话结尾方式大体可以分为以下几种。

呼吁式结尾。如古希腊狄摩西尼的《斥腓力演说》是这样结尾的："即使所有民族同意忍受奴役，就在那个时候我们也要为自己而战斗。辞令的灵魂就是行动！行动！再行动！"这种结尾有利于号召听众愤然而起，具有强烈的鼓动色彩。

用提希望或发号召的方式结尾。这种结尾是演讲者以慷慨激昂、扣人心弦的语言，对听众的理智和情感进行呼唤，或提出希望，或发出号召，或展示未来，以激起听众感情的波涛，使听众产生一种蓬勃向上的力量。如讲话稿《一位纪委书记的"小家"和"大家"》结尾就是用提希望的方式完成。

同志们，朋友们，我们正处在一个伟大变革的黄金时代，经济的发展，国家的富强，民族的振兴，需要全体人民的艰苦奋斗，特别是共产党人的模范带头作用。

如果每一名共产党员都能正确处理好“小家”和“大家”的关系，严格地按党性原则要求自己，用党的纪律约束自己，用党旗下那神圣的誓言激励自己，那么我们党的形象将会更加光彩照人，我们党将会更加坚强伟大！

这种结尾方式是讲话者用深刻的认识和独到的见解向听众提希望、发号召，能使听众精神为之一振，具有动人情、促人行的作用。

展望式结尾。如韩健在《在失败面前挺起胸膛》的讲话结尾为：“我深知，我将来可能败得更惨，但我不怕，因为怕失败的人永远不会成功！”以展望未来结束演讲，使人憧憬，余韵深长。

结尾要简洁有力，余音绕梁。结尾是演讲内容的自然收束。言简意赅、余音绕梁的结尾能够使听众精神振奋，并促使听众不断地思考和回味；而松散疲沓、枯燥无味的结尾则只能使听众感到厌倦，并随着时过境迁而被遗忘。

名言哲理式结尾

在所有的结尾方法中，如果你能找到合适的短句或诗句结尾，那是最理想不过的。它将产生最合适的风味以及庄严的气氛，可表现出你的独特风格，让听众产生美的感受。如蒋昌健《性本善》的辩论总结陈词中这样结尾："谈到这里，我不由得想起一百多年前生活在柯尼斯堡的一位叫康德的老人说过的一句话：'这个世界唯有两样东西能让我们的心灵感到深深地震撼，一是我们头顶上灿烂的星空，一是我们内心崇高的道德法则。'"以名言警句作为演讲的结尾，内涵丰富，发人深省。

用哲理名言、警句做结尾的方式，是通过引用名言、警句、谚语、格言、诗句等作为结尾，这样不仅使语言表达得精练、生动、富有节奏和韵律，而且可以使讲话的内容丰富充实，具有启发性和感染力，同时还可以给人一种生动活泼、别开生面之感。如讲话稿《谈毅力》的结尾：

毅力是攀登智慧高峰的手杖，毅力是漂越苦海的舟楫，毅力是理想的春雨催出的鲜花。朋友，或许你正在向成功努力，那么，运用你的毅力吧！这法宝可以推动你不断地前进，可以扶持你度过一切苦难。记住：“顽强的毅力可以征服世界上任何一座高峰！（狄更斯语）”

世界扶轮社社长哈里·劳德先生以这种方式结束他的演说：“各位回国之后，你们之中某些人会寄给我一张明信片。如果你不寄给我，我也会寄一张给你。你们一眼就可看出那是我寄去的，因为那上面没有贴邮票。但我会在上面写些东西：春去夏来，秋去冬来，万物枯荣都有它的道理。但有一件东西永远如朝露般清新，那就是我对你永远不变的爱意与感情。”

这首短诗很符合他演说的气势。因此，这段结尾对他来说，是极为合适的。

用名言式结尾，能给演讲者的思想提供有力的证明，增加讲话的可信度，让演讲显得更加优美含蓄，睿智大气，具有较强的说服力和鼓舞作用。

幽默式结尾

“余音绕梁，三日不绝”是讲话结尾追求的最佳效果。而在多种多样的讲话结束语中，幽默式结尾不失为一种很好的选择。一个讲话者能在结尾时赢得笑声，不仅是自己讲话技巧十分成熟的表现，而且能给本人和听众双方都留下愉快美好的回忆，也是讲话圆满结束的标志。那么，怎样才能做到幽默式结尾呢?

1. 造势

我国著名作家老舍先生是很幽默的。他在某市的一次讲话中，开头即说“我今天给大家谈六个问题”，接着，他按照第一、第二、第三、第四、第五的顺序，井井有条地谈下去。谈完第五个问题时，他发现离散会的时间不多了，于是他提高嗓门，一本正经地说：“第六，散会。”听众起初一愣，随即便欢快地鼓起掌来。

老舍在这里运用的就是一种“平地起波澜”的造势艺术，打破了正常的演讲内容，从而出乎听众的意料，收到了幽默的效果。

2. 省略

1985 年年底，全国写作协会在深圳罗湖区举行年会。开幕式上，省、市各级有关领导论资排辈，逐一发言祝贺。轮到罗湖区党委书记发言时，开幕式已进行了很长时间。于是他这样说：“首先，我代表罗湖区委和区政府，对各位专家学者表示热烈的欢迎。”掌声过后，稍事停顿，他又响亮地说：“最后，我预祝大会圆满成功。我的话完了。”他以迅雷不及掩耳之势结束了讲话。

听众开始也是一愣，随后，即爆发出欢快的掌声。因为，从“首先”一下子跳到“最后”，中间省去了其次、再次、复次……这样的讲话，如天外来石，出人预料，达到了石破天惊的幽默效果，确实是独具风格，别出心裁。

3. 概括

某大学中文系一次毕业生茶话会上，首先是系党总支书记讲话，三分钟的即兴讲话主要是向毕业生表示祝贺。然后是彭教授讲话，主题是希望同学们继续努力学习，还引用了列宁的名言。第三个讲话的潘教授朗诵了高尔基的《海燕》片段，以此勉励毕业生们学习海燕的精神。第四个讲话的系副主任希望同学们永远记住母校和老师们。紧接着，毕业生们欢迎王教授讲话。在毫无准备而又难以推辞的情况下，王教授站起来，先简单地回顾了数年来与同学们交往的几个难忘片段，然后一字一顿地说：“前面几位给大家提出了殷切的希望，可我还是喜欢说他们说过的话。（笑声）第一，我要祝同学们胜利毕业！（笑声）第二，我希望同学们‘学习、学习、再学习’。（笑声）第三，我希望同学们像海燕一样勇敢地搏击生活的风浪。（笑声、掌声）第四，我希望同学们不要忘记母校，不要忘记辛勤培育你们的老师们！”

在这里，王教授通过对前面四个人的讲话主题的简练概括，旧瓶装新酒，不落窠臼，结束了一次机智、风趣且具有个性特点的讲话。

4. 对比

鲁迅先生在结束《在上海中华艺术大学的演讲》时说："以上是我近年来对于美术界观察所得的几点意见。今天我带来一幅中国五千年文化的结晶，请大家欣赏欣赏。"说着，他一手伸进长袍，把一卷纸慢慢从衣襟上方伸出，打开一看，原来是一副病态丑陋的月份牌。顿时全场大笑。

鲁迅先生借助恰到好处的道具表演，与结束语形成鲜明对比，极具幽默感。不仅使演讲在欢快的气氛中结束，而且使听众在笑声中进一步品味先生讲话的深意。

5. 双关

在延安的一次演讲会上，当演讲快结束时，毛主席掏出一盒香烟，用手指在里面慢慢地摸，但掏了半天也不见掏出一支烟来，显然是抽光了。有关人员十分着急，因为毛主席烟瘾很大，于是有人立即动身去取烟。毛主席一边讲，一边继续摸着烟盒，好一会儿，他笑嘻嘻地掏出仅有的一支烟，夹在手指上举起来，对着大家说："最后一条！"

这个"最后一条"，毛主席的话是最后一个问题，又是最后一支烟，一语双关，妙趣横生，令全场大笑，听众们的一点疲劳和倦意也在笑声中一扫而光了。

讲话的幽默式结尾方法是不胜枚举的。关键是讲话者要具有幽默感，并能在讲话中恰如其分地把握住讲话的气氛和听众的心态，才能使讲话结束语收到“余音绕梁，三日不绝”的效果。

祝福式结尾

诚挚的祝福本身就充满了打动人心的力量，最容易拨动听众的情感之弦，使之产生共鸣。所以，讲话最后用祝福语作为结尾，可以使讲话气氛变得欢乐愉快、热情洋溢，使听众在愉快中增加自豪感和荣誉感，而对于送出祝福的讲话人当然也会心存好感，并因此认可你的讲话内容。如《在迎新茶话会上的演讲》的结尾：

> 最后，在春节即将到来之际，我借此机会向全市的父老兄弟、姐妹们拜个早年。祝老年人春节愉快、身体健康、寿比南山！祝中年人春节快乐、家庭幸福、事业成功！祝年轻人春节快乐、爱情甜蜜、前程无量！祝大家年年幸福年年富，岁岁平安岁岁欢！谢谢大家！

人们一般都喜欢被赞美祝贺，因此，相互之间的赞颂成为人们交往的最好手段。通过这些赞颂的话，讲话氛围可以再次达到一个新高潮，讲者和听者的关系也会变得更融洽。但要注意演讲者在说这些赞颂的话时，不要过分地夸张和庸俗地捧场，否则听者就会认为你有哗众取宠之嫌。

同时，选用祝福式结尾还要注意：第一，发自内心，亲切动人。第二，注重场合，适度适情。第三，通俗易懂，简短明白。

总结式结尾

以总结归纳的方式结尾。这种结尾用极其精练的语言，对讲话内容和思想观点做一个高度概括性的总结，以起到突出中心、强化主题、首尾呼应、画龙点睛的作用。如讲话稿《永照华夏的太阳》的结尾：

> 我们是从哥白尼日心说中认识太阳的，我们又是从历史的迁徙中认识中国共产党的。八十年过去了，八十年斗转星移，日月变迁。月亮离不开地球，地球离不开太阳，人民离不开党。祖国的未来，中华的腾飞，需要中国共产党的领导，党就是永照华夏的太阳，也就是我们心中的太阳。

这个结尾高屋建瓴，总览全篇，巧妙地从自然界的太阳到华夏儿女心中的太阳的对比中，总结归纳出了“地球离不开太阳，人民离不开党”的结论。字里行间流露出对太阳的希望与向往，对共产党的歌颂与赞扬。给听众留下了深刻印象。

讲话者往往有种错误的想法，认为自己要讲的观点在自己脑海中如水晶般清楚，因此听众也会同样清楚。但事实上却并非如此，讲话者对自己的观点已经思考过相当长的时间了，但对听众来说这些观点却是全新的。它们就好像一把丢向听众的弹珠，有的可能落在听众身上，但绝大部分则零乱地掉在地上。听众只能“记住一大堆事情，但没有一样能够记得很清楚”。所以有必要在讲话结束时总结一下观点。

下面是芝加哥的一名交通经理的讲话结尾。他在这方面做得比较成功。

> 各位，简而言之，根据我们在自己后院操作这套信号系统的经验，根据我们在东部、西部、北部使用这套机器的经验，它操作简单，效果很好，再加上在一年之内它阻止撞车事件发生而节省的财力，我怀着最急切和最坦荡的心情建议：在我们的南方分公司立即采用这套机器。

他的成功之处在哪里？就在于我们可以不必听到他讲话的其余部分，就可以看到并感觉到那些内容。像这样的总结极为有效，不妨在实际运用中加以发挥。

回味无穷的结束语

演讲的结尾，可以说是整场演讲的“点睛之笔”，其重要性与难把握性不言而喻。一种恰到好处的结尾方式，能使你的演讲完美“收官”，收到满意的效果。

这种结尾语尽而意不尽，意留在语外，留余味、泛余波，像撞钟一样余味袅袅，令人回味无穷。回味无穷的结束语好像秋天瑰丽的晚霞一样，收得俊美漂亮，并且伴有“渔舟唱晚”的娓娓之声，让听众流连忘返，久久回味。如演讲稿《人生的价值何在》的结尾：

> 我们的雷锋，在他短暂平凡的人生中，创造出了巨大的人生价值，给我们留下了无与伦比的精神财富，那么，亲爱的朋友们，在漫长而又短暂的人生之路上，我们将做些什么？创造些什么？留下些什么呢？

这个结尾采取对比和提问的手法，听后令人深思，发人深省，叫人不得不扪心自问，给听众留下了哲理性的思索和回味。

此外，还有一种方式，也可以在演讲结尾让人回味无穷，那就是在高潮处停止。这种结尾同样可以最大限度地调动起听众的内心感悟，让他们在无限回味中体会演讲的深意。在一次有关尼亚加拉大瀑布的演讲中，林肯是这么结尾的：

> 这使我们回忆起过去。当哥伦布首次发现这个大陆，当基督在十字架上受苦，当摩西领导以色列人通过红海，甚至当亚当首次自其造物者手中诞生时，那时候和现在一样，尼亚加拉瀑布早已在此地怒吼。已经绝种但其骨头塞满印第安土墩的巨人族，当年也曾以他们的眼睛凝视着尼亚加拉瀑布，正如我们今天一般。尼亚加拉瀑布与人类的远祖同期，但比第一位人类更久远。今天它仍和一万年以前一样声势浩大。早已死亡，而只有从骨头碎片才能证明它们曾经生存在这个世界上的史无前例的巨象，也曾经看过尼亚加拉瀑布。在这段漫长无比的时间里，这个瀑布从未静止过一分钟，从未干枯，从未冻上过，从未合眼，从未休息。

这段演讲结尾以回忆过往的形式，连用四个“当……”畅谈哥伦布、基督、摩西、亚当等的时代，彰显了尼亚加拉大瀑布的悠久历史，如滚滚春雷，气势不凡。最后，连着五个“从未……”在将演讲主题推向高潮的同时戛然而止，但却余味未尽，给听众留下深刻印象。可见，高潮处结尾是另一种形式的结束语，能使听众对演讲内容意犹未尽，反复回忆体味。

◆收好豹尾，让你的演讲鼓舞人心◆

我们不怕死，随时像李先生一样，前脚跨出大门，后脚就不准备再跨进大门！

结尾要强劲有力

结尾承担着收拢全篇的任务，切忌松散、拖沓、枯燥。要升华主题思想，将情绪渲染到顶点。

名言、哲理性结尾生动精练

犹如撞钟，余音缭绕，耐人寻味，具有启发性和感染力。

第九章

控场技巧，掌握演讲的主动权

表达自己的技巧

仅有自信和对听众的了解是不够的，还要注意演说中的表达技巧。这里所说的表达技巧指表达方式和措辞方面的基本技巧。

表达方式不同，则效果迥异。如说“我很讨厌他”或“我不喜欢他”，就不如说“我对他的印象不怎么样”。对一个看起来超过 40 岁的人，与其说“你还不太老”，倒不如说“你现在正值壮年”。这样别人就会认为你是一个很会说话的人。

为什么会出现这种效果上的差异呢？其实原因很简单，说话人的态度是否谦恭，其问话是否合乎听者的心理，都会直接影响说话的效果。因为任何人都希望得到别人的尊重和体谅。问话如果不尊重和体谅对方，就会自讨没趣。

在交谈中，措辞的精妙和恰当也是非常重要的一环。如果措辞词不达意，或者粗俗不堪，或者故弄玄虚，那么不管内容有多好，也不会取得良好的效果。要做到措辞简洁精妙，我们在谈话中应注意以下几个方面。

第一，尽量简洁明了。说话一般是越简洁越好。有些人在叙述一件事情时，本来只需一两句话就可说明白，但却拉拉杂杂说了很多，仍没有把意思表达出来。听者云里雾里，费了很多心思，也不知道他要说什么。改变这种情况的最好办法是在说话之前，先打好腹稿，尽量用最简洁、最少的字把要讲的话表达出来。

第二，不要滥用重叠。在汉语里，有时的确要用重复来强调你所要表达的内容。但是，如果滥用叠词叠句，就会显得累赘。如，许多人在疑惑不解时常常会说："为什么为什么？"其实，一个"为什么"就足以表达你的疑惑之情。还有的人在答应别人一件事情的时候，常常说："好好好。"其实，说上一个"好"字就足够了。如果你有这个毛病，也得改一下。

第三，同样的言辞不可用得太频繁。一般来说，听者总希望说者的语言丰富多彩。我们虽不必像名人那样，字字珠玑，妙语连篇，句句都是深刻精辟的道理，闪耀着哲理的光辉；但也应该在许可的范围内尽量使表述语言多样化，不要把一个词用得太频繁。即使是一个非常新奇的词，如果你在几分钟之内就把它复述了好几次甚至十几次，那么人们对它的新奇感就会丧失，并对它产生一种厌恶感，进而拒绝接受你的演讲。

第四，要避免口头禅。有些人在交谈中常常不由自主地使用口头禅，诸如"我觉得""我以为""俨然""绝对""没问题"等，这类口头禅说多了，不仅影响内容的表达，而且还给人一种傲慢、以自我为中心、逻辑不严密的印象。因此，这类口头禅应尽自己最大努力去克服。

第五，要避免使用粗俗的词。常言道："言语是个人素质、修养的衣冠。"一个相貌堂堂，看上去颇为不错的人，如果出口成"脏"，那么别人对他的好感就会消失殆尽。其实，相当一部分人并非学问、本质不好，只是在追求语言的新奇和俏皮的过程中染上了这种难以更改的坏习惯。然而在一个初次交往的人面前，你若说了句粗俗的话，他就会认为你是一个粗俗不堪、没有修养、不可交往的人。

第六，不要滥用术语。如果听众不是专业人员，你却大量使用专业术语，会给人一种故弄玄虚的感觉。诸如满口"一元论""二元论""沙文主义"等术语，不熟悉的人会感到厌倦，而熟悉的人则会认为你卖弄学识，非常浅薄。

旁征博引的技巧

所谓“援例”，就是通常所说的“用例”或“举例”，以事实证明自己的观点。

有经验的演讲者在演讲时经常举例。这是因为举例既可有效地说明问题，又能使演讲内容充实，形式活泼。即常言说的“事实胜于雄辩”。演讲中用例一般应注意以下技巧。

1. 贴切

演讲中举例，是为了达到“证明问题、阐述观点”的目的，因此，举例一定要贴切。举例说明不贴切是在实际演讲中最容易犯的毛病。不贴切的情况一般有三种。

一种是“风马牛不相及”，即例子与要说明的问题毫不相干。例如，想说明女人不应该过分讲究衣着打扮，而举的例子却是“天然游泳场中，女人不用穿衣服。古罗马竞技场上女人也是一样赤裸着身体参加比赛”。这里所说的女人在游泳中裸体与在竞技场中裸体，只是当地当时特有的习俗，一种独特的风尚，与妇女不必讲究衣着打扮没有必然联系。这样的援例如何能为你的观点服务呢？

不贴切的第二种表现形式是“以己之矛攻己之盾”，即所举的例子与想要说明的问题自相矛盾。例如，要说明苏联的社会主义比波兰的修正主义好，例证却是波兰在修正主义统治下，民不聊生，猪肉和食糖实行配给制，“市民每人每周只准买两磅食糖和两公斤猪肉”。而当时，苏联已实行了定量供应，一个月供应一斤半猪肉和半斤食糖！这个例子，似乎并不是在说波兰修正主义不好，而是对苏联社会主义的嘲讽。

不贴切的第三种表现形式是“若即若离，似是而非”。即所举例子缺乏针对性。例如，要说明做学问应当讲究恰当的方法，以苦干加巧干达到事半功倍的效果，然而举出的却都是“出大力流大汗”的例子，体现不出“巧”在哪里。想说明“贵在坚持”，可举的却是“在困难的时候要有清醒的头脑”的例子体现不出坚持的重要。这表明演讲人逻辑不够严密，演讲也就因此失去了魅力，达不到理想的效果。

2. 新颖

有些事例，本来很好，但你用过来，我用过去，听众听来也就乏味了，觉得你的演讲也不过如此。有人一讲“潜心钻研”就举居里夫人在实验室的事；讲顽强拼搏就举海伦·凯勒的事迹；讲贵在坚持就举马克思把大英图书馆的地板磨出一道沟。似乎大千世界就这么几个例子可举。举办谈“信仰”的演讲会，居然有十个人争着引用布鲁诺的故事，十次高声演讲“火并不能把我征服，未来的世纪会了解我、知道我的价值的！”有听众马上嘲讽：“演讲者的心肠也太狠了，罗马教皇也不过烧死了一个布鲁诺，而演讲者们一个晚上就烧了十次！”这种“炒剩饭”式的举例，恰好暴露出了演讲者的弱点：知识贫乏，思维迟钝。其实，只要真正留心，现实中和历史中生动感人的事例何止千千万万。

3．典型

典型事例与一般事例不同。一般事例虽然也能说明问题，但毕竟“一般”不可能最有说服力，更不会引起强烈反响，给人留下深刻印象。而典型事例则是最生动、最有说服力的。事例一出口，道理便昭然若揭。这种事例，源于生活，能深刻反映生活本质和深层的生活哲理。但这种事例往往为一些貌似平凡的表面现象所掩盖，需要潜心发掘。

4．具体

举例是为了证明观点，要想观点明确，就必须使例子生动、形象，具有说服力。如在讲“学习专心认真”这个道理时，你就不能举这样的例子：某某同学学习不专心，所以没考上高中；后来，学习专心了，所以获得了成功，成了引人注目的人物。你也许的确知道这位同学后来是怎样专心致志的，但听众不知道，而这正是他们想知道的。所以应该这样说：赵小兰平时学习不专心，老师在上面讲课，她在下面看小人书；老师要大家练习，她没写几笔就叠纸人去了，所以成绩不好，连高中也没考上。这时她爸爸责备了她，同学们讥笑她，她心里难过极了，一个人不知偷偷哭了多少次。后来，一个偶然的机会，她参加了市业余无线电俱乐部，学习收发报。这回她接受了教训，别人将收发报当作业余爱好，她却全身心投入，上课时专心听讲，课后反复练习，她一边走路，一边动指头练按键。一边吃饭也一边练。有时睡梦中，她还在练。她完全生活在“嘀嘀嗒嗒”的世界里，简直入了迷。一次祖母要她擀面条，做这工作时要两手一起用，没法练习按键了，可是等祖母来拿面条时，发现桌上只有面片，面片上全是坑坑洞洞，像蜂窝一样，原来孙女又在刚擀好的面片上练起来了。后来赵小兰终于取得了市级比赛第二名。

这种举例，不但有概括的叙述，而且有细节的描写，这些细节具体、生动，既能传神地刻画人物，又能有力地证明“专心致志”与“取得成绩”的关系，于是给听众留下了比较深刻的印象。因此，在演讲举例时，不仅要典型，而且要具体生动。要想具体生动，必须有一定的典型细节描绘。

5. 有趣

演讲，是为了影响人。首先必须吸引人，才能影响人。教学要讲究“寓教于乐”，也有人说过：“兴趣是最好的老师。”有趣的演讲既营造了轻松愉快的氛围，又讲出了听众感兴趣的事。这样就很容易让听众接受你的观点。剧作理论上也有这样一个法则：一折戏从头到尾都要有趣。演讲要达到最佳效果，也可根据上述道理，借鉴戏剧的经验，做到有趣。如果没有趣味，听众就会感到乏味，你演讲的方法再好，也无法对听众产生影响。让演讲有趣，举有趣的事例是必不可少的。所以，举例时，应尽量选择有趣的典型事例。只有这样，你才能在实际演讲中吸引听众并对他们产生影响，让他们从心底里接受你的观点。总之，以上几个方面的内容构成了演讲基本技巧的要素，对于初次进行口才训练的演讲者来说，掌握它的基本技巧是相当重要的，因为在这个过程中需要克服的障碍很多，如果不能抓住关键则势必会影响演讲的效果。

肢体语言的技巧

肢体语言是使演讲效果更好的一种演讲技巧。在深入讨论这一问题之前，必须先弄清楚什么是肢体语言。

所谓肢体语言，是通过人体器官的动作或改变某一部分身体形态来进行情感思想交流的一种符号序列。通俗地说，肢体语言是利用身体动作来传递信息，从而达到交际目的的。由于肢体语言主要由身体形态的变化来表达，因此又有人将其叫作态势语言。

肢体语言在人类文明历史发展进程中的地位和作用虽然不及有声语言，但是，肢体语言所表达的意义却比有声语言更丰富、更真实。有声语言所表达的各类信息，大多经过了人的理性思考和总结加工，因而大多蕴含着人的意识中更深层次的东西。而以传递人的情绪和欲望为主的肢体语言，在大多数情况下是一种无意识的自然动作，它来源于人先天的动物本能和遗传形态，同时也受一定文化习俗的后天熏陶。

学习研究肢体语言，主要具有以下几方面的意义。

学习各种符合社会规范的肢体语言，使个人的肢体语言社会化。每个人在婴幼儿时期就开始运用肢体语言。最初运用的肢体语言具有先天遗传的性质，仅仅表达人的基本感情和原始表情，如喜怒哀乐、饥渴痛痒等。随着年龄的增长，肢体语言的学习范围扩大到后天习得的某些社会规范化的类型，如礼貌动作、卫生习惯等。有意识地学习肢体语言，将促进个人肢体语言的社会化，帮助我们获得社会认同。

了解他人的内心世界，领会对方表达的深层次心理信息。肢体语言比有声语言更能真实地流露出人的情感和欲望。因此，首先在医学、文艺、公安等领域，掀起了研究肢体语言及其丰富含义的热潮。接着，语言学、传播学、美学，特别是各类管理学科，也相继开始关注肢体语言并且越来越广泛地对此进行研究与应用，从而更深入地了解了人的心理和生理，更有效地促进了这一学科在各个领域中的广泛应用。

帮助人们有意识地运用肢体语言，使个人的事业获得成功。绝大多数肢体语言是可以通过学习掌握并加以控制的。一旦学习和掌握了肢体语言丰富的内容与各种形式，就能帮助人们从无意识到有意识，从家庭小范围到社会大环境，把握自己的肢体语言，让它更有效地为个人生活、工作服务，从而获得成功。在演讲时，肢体语言技巧的运用，会直接影响演讲的效果。自然、适度、灵活、优雅是对演讲者肢体语言的基本要求。在演讲中，肢体语言有两种：站姿和坐姿。站姿比坐姿更具有表现力，而坐姿则要把听众的目光吸引到胸部以上，训练起来难度更大。

1．头部语言的运用

如果不是表达的需要，演讲者的头部就一定要避免往一侧偏，也不要抬得过高或垂得过低。因为面对听众时，演讲者在众目睽睽之下会感受到一种“视线压力”，感到怯场。但是，演讲者是不能无视听众视线的。调整怯场心理的办法有两种：一是运用“回避目光法”；二是把自己的视线投向听众中频频点头的人，从而增强演讲的信心。大胆地将视线对准听众，你与听众之间才会营造出一种亲切交流的氛围。

“眼睛是心灵的窗口”说的是人的紧张、疲劳、喜悦、焦虑等各种情绪都会通过眼神表现出来。而复杂的面部表情会给听众留下极其深刻的印象。如果表情单调、呆板，那么你的演讲也就毫无说服力。而且演讲时，表情切忌做作，初学演讲的朋友则要注意避免那些表示羞涩、胆怯或掩饰口误的消极表情。

当演讲内容有变化时，头部也应该随之变化以辅助表达不同的情感。当表示希望、请求、祝愿和思索时，你可以把头部微微抬高，同时视线也随着上升；当表示羞怯、谦虚、内疚和沉痛时，你则要稍稍低头，视线下垂；演讲时，你的头部向前，表达的是同情和倾听，你的头部偏向侧方，则表现的是高傲和自信，等等。请记住，一定要根据内容来确定头部的不同状态。

此外，头部的运动也不能太频繁，幅度也不宜太大，而是要自然。自然的头部运动要伴随着颈部、背部和腰部的运动，并且要互相谐调一致。如鞠躬敬礼时，低头应配合弯腰，但不要让听众看到你的头顶。

2. 手势语言的运用

职业演说家通常都要训练自己的手势语言，而非职业演讲者在设计演讲时的肢体语言时，考虑得最多的往往也是手。由此可见，手势语言在演讲中的地位是不容忽视的。在演讲中，不同的手势表达不同的情感与意愿。

手心向上常常表示风趣、幽默或坦诚、直率、奉献、许诺等。例如，当讲到“从这里，我们又将踏上新的征途，去收获另一个金秋”这类演讲词时，你可以单手手心向上，从胸前缓缓向前方偏上的角度伸出；当说到“此刻，让我们伴随欢快的音乐，跳舞吧!”你也可以两手手心向上，从胸前往前平伸，左右适度地分开。手心向下一般表示否定、抵制、反对、抑制或消失、宁静等。如当讲到“仁慈的人大声疾呼：‘和平！和平！’但是没有和平”的时候，你的手势语可以设计为两手手心向下，手掌有力而均衡地向两边划开，但肘部的动作幅度不能太大；当讲到“月光洒落在静静的小溪和树林上”这类演讲词时，你的手势语可以是单手手心向下，往前伸，然后从内向外缓缓移动，表现出月夜山野的宁静。

两手分开往往表示分离、消极的意义，可用在演讲词中表达悲伤、消极。如“从此，我们彼此将远隔天涯，在人生旅途上苦苦跋涉”等。

手心向外的竖式姿势表示对抗、分隔、矛盾或反对等。例如，当讲到“我们从来不吃这一套”时，你可以一只手手心向外或呈竖立状，用力向前推出。

握紧拳头表示团结、挑战、信心、警告等。例如，当讲到“我们将用行动向你们证明，我们是好样儿的”这类具有挑战、自信的演讲词时，你可以一只手握拳，拳心向内，有力地在胸前轻微振动。

在演讲时，你还可用双手高举、手掌摊开、掌心面对听众等手势语言来表达自己对听众的谢意。

当然，手势语言的表意非常丰富，在此无法一一列举说明。但对手势语言的基本要求是不变的，那就是：尽量简明凝练，不要多次重复而使演讲失去吸引力，不要喧宾夺主，从而削弱了有声语言的主体地位。

初学演讲者，大多不知双手该往哪儿放合适，那是因为害怕面对众多的听众造成的。这时，你不妨在演讲开始时，以下列方式来处理两手的位置：一是把两只手轻松自如地垂放在身体两侧，稍有先后之分；二是可以用一只手握住演讲稿或者书本，或者麦克风等物品，这样有助于消除你的紧张，使你的手放得更自然；三是当你的前面有讲台时，你可以把手轻轻地放在讲台上。其实，当你投入地去演讲时，手就不会不自然了。

初学演讲者的手大多会无意识地做出一些多余的或不雅观的动作，比如挖鼻子、捂嘴巴、摆弄钥匙、抚弄纽扣等，这些都是不应该出现的。

3. 身躯语言的运用

在演讲过程中，身躯在大多数情况下是面向听众的。但也不是一成不变的，根据演讲内容的需要，你也可以侧身或向后转身，但一定要整个身躯自然协调地运动，而且时间不宜过长。更不要只扭头而不转身，像个木偶。

如果你是站着演讲，不要将身躯倚在墙壁或讲台上。如果你是坐着演讲，请不要左右扭动身体，也不要把全身紧靠在讲台上。这些姿势会让人觉得你软弱无力，没有修养。

4. 腿、脚语言的运用

在演讲中，站立姿势以你自己感到自然、舒适为最佳。一般来说，最舒适得体的姿势是：两脚叉开站立呈 45 度角，类似稍息的样子，但身体重心不变。在演讲过程中，你可以稍作走动，或者换换脚，但应进行得自然。运用手势语言时，一般要遵循“步行原则”，即手与脚不能同向，做左手手势时，右脚应在前，而做右手手势时，左脚应在前，这样才会有平衡感。

采用坐姿演讲时，一般来说，都有讲台遮住身体的下半部分，因此你就不需要再为腿和脚的姿势多费心思了。设计腿、脚的动作，应注意避免这几种失误：频繁地走动；一只脚站立时，另一只脚脚尖踮地或不停地屈膝抖动；两脚交叉；把腿压在椅子边上；等等。

以上谈到的仅仅是演讲时肢体语言的一些一般性原则。初学演讲者主要应注意防止消极的破坏性的肢体语言出现，而不必一开始就刻意去追求一举手一投足都要完善和优雅。当演讲成为自己的本能习惯时，你就可以形成自己的肢体语言风格，在演讲中展示真正的自我了。

演讲中的语言技巧

与用语言进行交流的任何方式一样，演讲同样需要遵循语言的一般规律。如合乎语法、讲究修辞等。但由于演讲者是在公众场合与众多听众进行面对面的直接交流，因此演讲更讲究视听结合的效果、情感参与的作用和临场应变的能力。

一、形象、个性、口语

如果能够使听众视觉愉悦，那么你的观点就更容易让听众接受。为了使演讲效果更好，演讲者除了应注意自己的外在形象和手势语言外，更应注意的是，演讲者要善于将抽象的哲理物化为活动的景象，让空洞的说教转化为鲜明的画面。

演讲要做到形象化，运用比喻是最有效的手段。如蔡顺华的题为《小狗也要大声叫》的演讲：

各位朋友，到这个讲坛演讲的，应该是曲啸、李燕杰、邵守义那样的大人物。我这个嘴上无毛的青年人站在这里，很不般配哟。（停顿，提高声调）

不过，我很欣赏契诃夫的一句名言：“世界上有大狗也有小狗，小狗不应因为大狗的存在而慌乱不安，所有的狗都要叫！”小狗也要大声叫——就按上帝给的嗓门叫好了！今天，我这个自信的“小狗”，就来大胆地叫几声。

这新颖滑稽的开场白引起观众注意后，蔡顺华简单阐释了契诃夫比喻的本意，又很快从“小狗叫”引入了正题：

试想，一个单位、一个部门、一个地区乃至一个国家，倘若只充斥着极少数名家、权威和当权者的声音，虽不算“万马齐喑”，但群众，尤其是最富有创造力的年轻人的智慧和声音被压抑了，哪里会有真正的“九州生气”？

蔡顺华的演讲结尾更是围绕着“小狗叫”做了如下结论：

那些腹有经纶但阴柔有余、阳刚不足的奶油小生是不敢“叫”的；那些虽“嘴上无毛”但已深谙“出头椽子先烂”等世俗哲学的平庸之辈也是不敢“叫”的。响亮而优美的“叫声”，往往发自那些有胆识的开拓者与弄潮儿。如果我国的每一位“小狗”都发出了自己的“叫声”，那么地球也会颤抖的！

蔡顺华的演讲，通篇利用了“小狗叫”这一生动、新奇又幽默的比喻贯穿始终，使听众在轻松的气氛中接受了一个普通而又严肃的话题，使演讲通俗形象，道理深入浅出。

某些演讲需要运用数据说明问题，但仅仅把一连串枯燥的数据抛向听众，会影响现场活跃的气氛。

要想不理会充满形象的演讲，就好像要求歌迷对自己心中的偶像在舞台上精彩的表演不能喝彩。法国哲学家艾兰曾说："抽象的风格总是差的，在你的句子里应该充满了石头、金属、椅子、桌子、动物、男人和女人。"这就道明了在演讲时应选用形象化的语言。

世界上没有个性完全相同的两个人，就如同世界上没有完全相同的两片树叶一样。演讲者曾力求演讲出自己的风格，创造出独特的"讲"。每个演讲者都有自己的风格。如鲁迅先生是分析透彻、外冷内热、富于哲理的演讲风格；郭沫若先生是热情洋溢、奔放跌宕、文辞富丽的演讲风格。这就是继形象化后的又一演讲技巧——个性化。

当演讲者的个性与演讲词的风格不一致时，演讲者的演讲是很难动情的，也很难感染人。如果演讲者的文化层次很低，却大谈一些极其深奥的哲理，只能是生搬硬套地背诵，而即使背诵出来也会显得极其牵强；如果是平时很严肃的演讲者，却生硬地念充满幽默情趣的演讲稿，便会显得不伦不类。与其这样，还不如用符合自己气质、个性的语言进行演讲。

演讲风格的个性化还体现为演讲中所涉及人物的个性。对于演讲中涉及的人物个性不应是一种平白的交代，而要通过生动刻画、语言模拟等手法充分展现。

某些演讲，即使对其立意和材料挑不出毛病，而且从某种意义上来说，还是绝妙好词，但就是不能给观众留下深刻的印象。原因何在呢？其根本就在于演讲者没有把握住演讲词的风格，或者演讲者的个性与演讲词风格迥异。演讲并不是任何人拿着演讲稿上台照念一遍就行了，还要注意其鲜明的个性，要适当采用语言模拟、神态模仿等手段。

在演讲中，不仅要注意语言的形象化、个性化，还要注意演讲语言通俗易懂。若要使每一句话都深入人心，就必须讲求语言的口语化。听众是否清晰地接受了演讲者的话是演讲是否成功的先决条件。

演讲语言不同于书面语言，听众在现场不可能有余暇去理解某些生僻的词语和隐晦的意思，更不可能像阅读文章那样进行多次的反复领会。口头语言的接受特点决定了演讲语言的特点既要清楚明白、生动形象，同时又要具有较强的感染力。

文化层次较高的演讲初学者，往往容易写成很书面化的演讲词。如以下的两段演讲词摘录：

1.《阳光是一种语言》

早晨，阳光以一种最透彻、最明亮的语言与树木攀谈。绿色的叶子立即兴奋得颤抖，通体透亮，像是一页页黄金锻打的箔片，炫耀在枝头。阳光与草地上的鲜花对语，鲜花便立刻昂起头来，那些蜷缩在一起的忧郁的花瓣，也迅速伸展开来，像一个个恭听教诲的学子。

我们的学校便是阳光的象征，它是一座充满生机与活力的“阳光大厦”，而我们则是等待着阳光笑容与照耀的鲜花，一群朝气蓬勃的阳光学子。

然而有时明朗的日子，我们不会留意阳光；普照的阳光，有时像是对大众演讲的演说家，我们不理解，这正如学校安排的每一次计划，我们不能全部理解；学校对双休日时间做出的合理调整，有些同学不理解一样。面对阳光的语言，我们仿佛充满了疑惑与不解。

但这次是我们错了。殊不知，阳光动听的声音，却是响在暗夜之后的日出，严寒后的春天及黑夜到来前的黄昏。这些时候阳光都会以动情的语言向你诉说重逢的喜悦，友情的温暖和那因多少失败的磨炼后收获的成功。阳光一直在无微不至地关怀着每一朵鲜花，每一棵小草，争取以自己最明亮、灿烂的笑容面对这可爱的生灵。

2.《母爱无边》

春天已经悄悄地来到我们身边，春风轻轻地吹红了花，春雨也静静地润绿了叶，朝气蓬勃的我们正像那红花绿叶一样鲜活、一样有生命力，而又有谁曾想到过是谁做了那春风春雨默默地滋润着我们呢？

阅读了这两段演讲词后，可以感觉到演讲者确实煞费苦心。《阳光是一种语言》侧重于宣泄内心的情感体验；《母爱无边》则努力追求感情。但是，这两段演讲词的演讲效果都不好：听众都会因迷失在众多的长句和深刻的思辨之中而无暇接受演讲者的观点。抛开其他方面的缺陷不说，这两段演讲词书卷味很浓，更适合看而不适合听。

对于初学演讲者来说，一定要掌握书面语和口语的分寸。如果不是为了特别的修辞需要，写演讲词时，须遵循以下几条建议：

第一，尽量使用短句，少用长句，以保持语义之间足够的停顿。

第二，尽量使用清晰明快、言简意赅的词语，少用生僻、晦涩的古词或专业性强的术语。毛泽东的《矛盾论》就是用语简明的例子：

> 为什么鸡蛋能够转化为鸡子，而石头不能转化为鸡子呢？为什么战争与和平有同一性而战争与石头没有同一性呢？为什么人能生人不能生出其他的东西呢？没有别的，就是因为矛盾的同一性要在一定的必要条件之下。缺乏一定的必要条件，就没有任何的同一性。

毛泽东选用了最通俗易懂的词语，使深奥的哲学问题变得简单明了。

“体面”与“堂皇”、“驼背”与“佝偻”、“寒冷”与

“凛冽”等几组近义词或同义词，每组的后一个词语更书面化，能体现使用者的文化素养，但在一般情况下的演讲中，使用后一个词的效果则不如前一个。而你若面对的是文化素质极高的听众，那使用后一个词的效果可能会更好些。因此，演讲语言的使用原则必须根据具体情况而定。

要使演讲语言达到一个完整的统一体，就必须同时具备形象化、个性化、口语化三个条件，因为它们彼此之间存在着必然的联系而不是静止孤立的。任何一个演讲者如果考虑到了这三个因素的重要性，并运用到演讲中，那他就具备了成为一个成功演说家的先决条件。因此，对于初学者来讲，切不可想当然而为之，要把理论的学习和实践结合起来才能到达演讲成功的彼岸。

二、幽默、迂回、悬念

1. 幽默法

在《演讲入门》中，约翰·哈斯灵写道：“幽默是演讲者与听众建立友好关系的最有效的手段之一。当你讲得听众眉开眼笑的时候，他们也就主动地参与了思想交流的过程。”哈斯灵总结了幽默在演讲中的作用：建立友好关系和促进思想交流。幽默的运用很讲究技巧与方法，下面简单介绍几种构成幽默的方法。

（1）故意夸张法

丰富的想象可表现为夸张，夸张就是扩大或缩小事物的形象、特征、作用，以强化语言的表现力，构成幽默。

美国总统里根在竞选演讲中曾这样抨击物价上涨：

夫人们，你们都知道，最近，当你们站在超级市场卖芦笋的柜台前，你们就会感到，吃钞票比吃芦笋还便宜一些。

你们还记得当初你们曾经认为没有什么东西可以代替美元吗？而今天美元却真的几乎代替不了什么东西了！

里根通过对美元贬值的夸张，激起选民们对物价上涨的强烈不满以及对当政者的不满，从而达到让选民们支持自己的目的。

（2）丢“包袱”法

中国相声常用“设包袱”“抖包袱”来构成幽默。演讲可以借鉴相声“丢包袱”这一表演手段，通过风趣的解答构成幽默。

（3）移花接木

当甲乙环境互换和甲乙词语互换时，都有令人捧腹的幽默效果。在《论男子汉》的演讲中，演讲者就大量运用了“大词小用”（移花接木）幽默法。

我选择了这样一个演讲题目《论男子汉》。（掌声）掌声证明了，这是一个真正时髦的问题。（掌声、笑声）广大的女同胞和男同胞，都在积极地做这一时髦的促进派，呼声渐高，浪头一天比一天大，标准一天比一天高，要求一天比一天严，大有让所有的男性公民脱胎换骨、重新做人之势。著名演员刘晓庆说："做女人难，做一个名女人尤其难。"我说，做男人难，做一个男子汉尤其难也。（笑声、掌声）……而要成为一个男子汉，最能立竿见影的，大概就是所谓的物理方法了：穿一双中跟鞋，增加些"海拔高度"；（笑声）留一撮小胡子，显出些粗犷；着一条牛仔裤，添几分潇洒……

"脱胎换骨、重新做人""所谓的物理方法""海拔高度"等词语，大大增强了演讲的幽默效果，为演讲掀起了一个又一个的高潮。

（4）如实陈述

对生活中的可笑之事，照原样讲述，就能达到幽默效果。

有一位演讲家在一次演讲中，就运用了如实陈述的幽默法。

一个机关请我去讲一讲机关的常用文写作，即怎样写总结、简报、调查报告等。上课时，我就当众读了一些文章中的病句……其中有个表扬老师傅的："某某从苦水中长大，对党一直十分热爱，长期耿耿于怀。"再一个："某某同志去世了，我们全厂同志化悲痛为力量，真叫作穿着孝衣拜天地，悲喜交加。"……

这样的如实陈述，使听众席上的气氛极为活跃，于是演讲也就不难成功了。在幽默技巧的运用中，要注意，材料和语言不能庸俗、低级；幽默要紧扣主题，分量适当，切莫喧宾夺主。

当然，在演讲中通过幽默与听众建立友好关系和促进思想交流的方法远不止以上四个方面，一个成功的演讲家往往能即兴通过幽默调动听众的思想感情，而且做得恰到好处。读者必须明确真正的幽默来源于广博的知识和敏锐的洞察力，而并非哗众取宠。

2. 迂回法

有时演讲者并不直接阐明演讲主题，而是以说反话、先贬后褒等手法，迂回达到演讲主题，这就是所谓的迂回法。这种手法往往能达到“山重水复疑无路，柳暗花明又一村”的演讲效果。

3. 悬念法

所谓悬念法，就是指在演讲过程中提出一个听众极为关心的问题后，并不解答，听众又急于想知道问题的答案，从而调动听众的兴趣，让听众参与到演讲中去。设置悬念是一种有效的演讲方法。某大学举办写作知识讲座，老师在讲到细节描写时，首先设置了一个悬念：“请问同学们，男生和女生回到宿舍时，摸钥匙开门的动作有什么不一样呢？”听讲的学生立即活跃起来，有的小声议论，有的抢着回答，有的干脆模拟自己回宿舍找钥匙的动作。主讲教师接着说：“据我观察，大多数女生在上楼梯时，手就在书包里摸摸索索，走到宿舍门口，凭感觉捏住一大串钥匙中的那一片钥匙，往锁孔里一塞，门就打开了。而大多数男生呢？他们匆匆忙忙地跑到宿舍门口，‘砰’地一脚或一掌，门不开，于是想起找钥匙，把钥匙片往锁孔里一塞，打不开，原来钥匙片又摸错了。”

这一番描述，引起了同学们会意的笑声。教师于是又总结道：“把男女生回宿舍摸钥匙开门的动作描述出来就是一处细节描写，而细节描写的生动又来源于对生活的细致观察。”这位教师先巧设悬念，让学生积极参与到讲课的过程中，然后再利用解答悬念抛出知识点，取得了很好的教学效果。

三、称谓、节奏、简练

1. 称谓

“你、你们、我、我们”是最常用的称谓，在演讲中，这些称谓运用得是否得体，对演讲的成功与否有着较为重要的影响。若将“你”与“你们”使用得当，就能集中听众的注意力，因为它时刻提醒着听众去维持一种“我是参与者”的心理状态，因此有利于拉近演讲者与听众的距离，进而使演讲获得成功的概率更高。例如一篇题为《硫酸与我们的日常生活密切相关》的演讲：

如果没有了硫酸，汽车将无法行驶，你必须像古代人那样骑马或驾驶马车，因为在提炼汽油时，必须使用硫酸。在你还没有和你的毛巾打交道之前，毛巾就已经和硫酸打过交道了，你刮胡子的刀片也必须浸在硫酸中处理……

但如果“你、你们”使用得不恰当，又可能造成彼此之间的心理鸿沟。例如，在一次学术讨论会上，一位语言学家做了这样的开场白：“刚才几位同志的报告都很好，如果把你们的讲稿没收，你们还能不能讲得这样好呢？”“你们”一词拉开了这个语言学家与其他人的心理距离，是一种居高临下的语气，于是，激怒了其他的语言学家，他们私下议论：“把我们的讲稿没收，我们都讲不好？怎么，把你的讲稿没收，你就能讲好啦？你也太狂了吧！”

其实只要将开场白中的“你们”换成“我们”就行了。

演讲者如果频繁使用“我”，听众会感觉你是个以自我为中心的人，那么你的演讲就不会受欢迎。此外，在演讲中，特别是学术讨论中，如果需要谦虚地表述个人的新观点时，就可以使用“我们”，听众会因你的谦虚而愿意接受你的观点。

2. 节奏

演讲抑扬顿挫是节奏的主要体现。如果没有节奏变化，听众就会昏昏欲睡。著名演讲理论家费登和汤姆森曾说：“关于演讲速度，所应遵守的主要原则，就是随时注意变化。”

演讲中需要慢的地方有：重要的事情、数据、人名、地名、极为严肃的事情、悲伤的感情，等等。演讲中需要快的地方有：人尽皆知的事情、精彩的故事进入高潮时、表达欢快的情感，等等。

停顿（沉默）是控制节奏、吸引听众注意力、调节现场气氛的一种重要方法。俗语道“沉默是金”，便是强调了沉默在某些场合的重要性。以下是几个沉默的实例。

美国前总统林肯是一个很善于运用沉默技巧的著名演讲家。当林肯说到某项要点时，会倾身向前，有时直接注视听众达一分钟之久。这种沉默比大声疾呼更有力量。采用这一手段，使听众的注意力高度集中。爱因斯坦应邀到日本某大学访问，不善言辞的校长竟然在欢迎仪式上紧张得忘了欢迎词。他沉默了很久，才讲出一句话：“爱因斯坦博士万岁！”全体集会者在焦急的等待之中，校长那异乎寻常而又发自肺腑的呼喊把大家感动得热烈鼓掌。爱因斯坦更是热泪盈眶，与校长紧紧拥抱在一起。教师对沉默的作用体会最深。一次上语法课，同学们在下面讲，老师在上面讲。老师一再提醒同学们不要讲话，但却没有作用，最后老师笑着说：“我尽量与同学们配合默契。同学们说话的时候，我就不说了；同学们不说了，我再接着说。”同学们在哄堂大笑中也意识到了自己的不礼貌。此后，课堂上讲话的人明显减少。

3. 简练

马克·吐温针对“演讲是长篇大论好，还是短小精悍好？”这个问题讲了一个故事。

有一个礼拜天，我到礼拜堂去，适逢一位传教士在那里用哀怜的语言讲述非洲传教士的苦难生活。当他说了5分钟后，我马上决定对此事捐助50元；当他接着讲了10分钟后，我决定把捐助的数目减少5元；当他继续滔滔不绝讲了半小时后，我又在心里减到35元；当他再讲了1个小时，拿起钵子向听众哀求捐助并从我面前走过的时候，我却从钵子里偷走了2元钱。

马克·吐温形象地回答了演讲需要简练。演讲语言提倡口语化和通俗化，但并不是纵容语言的冗长和啰嗦。冗长和啰嗦既影响表达效果，又会使听众生厌。演讲语言的冗长和啰嗦主要是以下几个原因造成的：

第一，重复论证。如1933年，美国参议员爱兰德尔，为了反对通过“私刑拷打黑人的案件归联邦州立法院审判”的法案，在参议院发表了长达5天的马拉松式演讲。有记者统计：爱兰德尔在讲台前踱步75公里、做手势1万个、吃夹肉面包300个、喝饮料46升。但他这次演讲并未达到他预期的效果，原因在于他用了琐碎的事例重复论证。

第二，废话过多。有些演讲者在演讲时东拉一句，西扯一句，抓不住要点，思维混乱，逻辑不严密。其演讲只不过是废话的大集合，有什么魅力可言呢？

第三，打官腔。有些身居要职的官员，喜欢说套话。在演讲中，貌似流畅、得体，实则空洞无物，令人生厌。有人曾入木三分地总结了这类官场语言：同志们，对于我们的工作，我们应该肯定该肯定的东西和否定该否定的东西。我们不能够只知道肯定应该肯定的，却不知去否定应该否定的；也不能只知道去否定应该否定的，却忘了去肯定应该肯定的；更不能去肯定应该否定的，而否定应该肯定的。

第四，反复客套。反复客套如“我水平有限，肯定有讲错了的地方，请大家多多指教”“对这类问题我缺乏研究”等，使听众觉得你这种“老生常谈”大煞风景，令人厌恶。

总之，在演讲语言的技巧方面，我们应该牢记“人类的思考越少，废话就越多”这句名言。

消除紧张的技巧

演讲中最大的障碍就是紧张。紧张是一种生理现象，分为肉体紧张和精神紧张。演讲中的紧张属于精神紧张，也是每位演讲者必须克服的心理障碍。因此，初学演讲的人必须学会消除紧张，它可以通过演讲训练的方法来实现。演讲训练可以使演讲者在听众面前自然、平静。你一旦突破自我的束缚，像面对朋友一样自然大方地走上讲台与听众倾心交谈，你就会发现这个世界正张开双臂欢迎你，你与世界融为一体了。

一、消除紧张，留住自然

在演讲训练过程中，必须处处留意自己，使自己“像一个无忧无虑的小孩那样无拘无束地表现自己”。做到说话自然，热情而不矫揉造作，平和易懂而又不呆板。为了使训练效果更佳，你应该想象自己正身临其境，面对听众。只有坚持做这样的练习，你才能消除演讲时的紧张，到最后演讲时，你便可做到“被人偷袭也能立刻还击”，而且自然得近乎“反射性”地说话。

此外，练习演戏也能有效地消除演讲时的紧张。在练习中，常常要求自己把小说、戏剧中的对白部分作为演讲的材料，并尽量使自己进入角色。如果在许多观众面前能摘掉自己的“面具”，那么无论在什么场合你都能毫无顾虑地表现自己，从而体味到一种表达的自由，好像蔚蓝的天空中一只自由自在飞翔的小鸟一样。

世界上从来没有两个完全相同的人。每个人都有其独特的个性，这种个性使你与其他人不同，也是你赖以生存的条件。

说话也是这样。当你面对听众时，你应该尽量表现自己独特的个性。一个富于健康个性的演讲者，才会受到听众的欢迎。也许两位演讲者演讲的内容完全一样，但由于表现形式不同，其效果就会相差甚远。造成这种不同的原因，除了语言、音调之外，还包含演讲时的表情态度。你用何种方式去说，其实在某种程度上比你说什么还要重要得多。

也就是说，你的个性会增强你的演讲效果。虽然每个人都和你一样，只有两只眼睛、一个鼻子、一张嘴，但没有人和你长得一模一样，也没有人和你的性格、处事方法、气质等完全相同，更没有人能和你一样自然地表达自己的思想与感情。这表明你是个有独特魅力的演讲者。你的个性是你最宝贵的财产。所以你要保持本色，不要去模仿别人，更不要使自己受固定模式的束缚。简而言之，你不但不能抛弃自己独特的个性，而且应该充分展现它的魅力。只有这样，你的演讲才会让人觉得真实，才会对听众产生持久的影响力，你也才真正是你自己。

二、建立自信的技巧

恐惧是许多人不能较好地进行演讲的主要心理障碍，那么，如何搬掉这一“绊脚石”，充满自信地走上讲台，使我们的演讲才能充分展现出来呢？这就是建立自信的技巧问题，你不妨试用以下几种方法。

第一种自我鼓励法。演讲者首先要对自己的演讲充满信心，在精神上鼓励自己，相信自己一定会成功。演讲者可用如下语言反复鼓励自己，比如“我的演讲题材很有吸引力，听众一定会喜欢”“我的口才很好，我一定会成功”“我准备得很充分了”，等等。

演讲者在演讲前不应过多考虑演讲失败的后果，如“我演讲差了怎么办?”“听众起哄怎么办?”这种负面的自我暗示往往会影响演讲效果。应努力做到放下包袱，轻装上阵。

第二种要点记忆法。初学演讲者往往把能够背诵演讲稿认为是充分的准备。熟读记忆，对于初学演讲者来说可能是一种必要的准备手段，但如果只是机械记忆，那么不仅会耗费演讲者大量的时间，而且容易形成演讲者的心理疏忽。实际演讲时，如果因怯场、听众情绪波动、设备故障等突发事故打断演讲者的思路，机械记忆的链条就会被截断。于是演讲者便会处于记忆的空白状态，或者思维短路，导致演讲无法继续下去。此外，单纯的背诵还极易形成机械的“背书”节奏，并且不能灵活运用恰当的手势语，不能根据观众情绪适时调整自己的节奏、情绪，使演讲呆板、乏味，而丧失了演讲应该具有的战斗性和人性味。

丘吉尔是英国著名的政治家、演讲家，年轻时他也曾依靠背诵演讲稿发表演说。在一次国会会议的演讲中，丘吉尔突然忘记了演讲的内容，他不断地重复前面的内容仍然无济于事，最后只得挫败地回到座位上。从此，丘吉尔放弃了背诵演讲稿的准备方式。

在演讲中，以采用提纲要点记忆法为宜。首先，就有关演讲的主题、论点、事例和数据整理成翻阅方便的卡片。然后针对演讲稿进行比较和适当的补充，整理出一份简略的提纲，并在提纲中注明各段的小标题。最后在各段的小标题下按序补充重要的概念、定义、人名、地名、数据和关键性词语。

至此，一份演讲提纲便基本完成。在整理和编排的过程中，演讲者应反复思考和熟悉自己的演讲内容，而演讲时仅仅需要将该演讲提纲作为提示记忆的依据即可。

第三种试讲练习法。试讲练习可纠正语音，矫正口型，锻炼遣词造句能力，又可训练形体语言。演讲者可以自选一个演讲题，或模仿名家的演讲，在静僻处独自练习。著名演讲家、美国第十六任总统林肯，年青时代经常独自一人对着森林或空旷的原野模仿律师、传教士演讲，并反复练习。

在参加正式的演讲或比赛以及在规格较高的会议上发表讲话之前，也有必要进行试讲。这种试讲最好请一些朋友、同事充当听众，一来可以增加现场气氛，二来可以听取接受一些好的意见和建议。

试讲练习可以帮助演讲者拥有充分的自信心，避免因准备不充分或不适应演讲环境而引起的惊慌失措。

第四种情绪调节法。适度的深呼吸有助于调节紧张、烦闷、焦躁等情绪。当演讲者出现怯场反应时，可以运用深呼吸法进行调节。即使全身放松，双眼望着远方，做绵长的腹式深呼吸，同时，随呼吸节奏心中默数1，2，3……

第五种目光回避法。刚学演讲的人往往害怕与听众进行眼神交流。因为一看到听众的眼神于自己不利，便会心慌意乱，无法继续演讲下去。于是出现了侧身、仰望、低头等影响演讲效果的不正确姿势。因为，演讲要求演讲者正视听众，这既是出于一种礼貌，又是演讲者与听众全方位交流的需要。拉近演讲者与听众的距离，是演讲成功的必备条件。刚学演讲的人不妨采用虚视方式处理自己的目光，将视线移至演讲场后排上方，以回避听众的目光，让目光在会场上方缓缓流动。这种方式既能避免演讲者与听众目光对视所产生的局促和窘迫，又能给听众留下演讲者稳重大方的印象，使演讲获得成功。

兰博士的抗怯场练习

一、追蝴蝶练习

在登台前最后一刻做，效果最好。

1. 双脚开立，与肩相齐，膝微屈，挺背，双臂放松垂于身体两侧。

2. 不必刻意呼吸，边叫“呜”边做蹦跳，一共 10 次，尽量用力，“呜”声要短、急、用力。每次做完“呜”，双拳向下猛砸。

3. 放松，闭嘴，缓慢深呼吸。

4. 嘶嘶吸气，微张嘴，弯腰至膝，蹲于地。

重复 3 遍，做缓慢深呼吸。

二、摇来摆去练习

1. 双腿分开站立（与肩相齐），同时摆动身躯、脖子和头，先向右，再向左。

2. 让双臂自由摆动，随身体转来转去，最后双臂放松地围住双肩。

3．你在摆动时，尽可能大声叫：“我不在乎！”

4．如此反复，也可叫：“不，我不在乎！”或“你奈我何！”重复几十次。

注意：

（1）身体摆动时，保证头随身子转。

（2）尽可能轻松自在地去做。

三、空手劈柴练习

1．双足分开约40厘米，屈膝，握拳，手放两边。嘴唇紧闭。深呼吸三次后抬臂高举过头。

2．双手有力地劈下，并尽可能放开喉咙大声叫喊：“哈哈哈哈哈哈哈哈！”（屈膝）

3．尽可能用力地重复5次。

四、劈柴动作练习

1．两腿分开40～45厘米，脚尖向前，两膝轻松放直，攥紧双手。

2．吸气，摆动紧握着的手，高抬过头。

3．把举起的手摆下来，猛向前屈，吐气。手下来时，大叫一声“哈”。（屈膝）

4．吸气，再举手。

5．重复上述动作，做10～20次。

注意：吸气时要闭着嘴，直到你的手下摆时叫“哈！”这样就可吸进更多氧气，练习就更有效。

五、蒸汽机练习

1. 双脚与肩齐，站在那里，屈膝，将头抬起，闭嘴，右臂后拉，左臂前伸，尽量用力。同时深呼吸。

2. 左右臂换个方向，重复上述动作。节奏要平稳。

3. 开始要慢，随后要越来越快，持续做 3～5 分钟。记住：闭着嘴！

六、心怀世界练习

1. 吸气，感觉你像是在扩张，张开双臂，拥抱整个世界。伸展四肢，感觉你的心脏是世界的扩充与展开。你不再是单纯的一个生命体。

2. 至少坚持一分钟以上，让世界置于你的怀抱中，手放胸前，双手轻抵。

3. 如此做上 4 次，把消极的意念都去除掉。努力去喜欢它，把它容纳进来，把它放在心上，化恨为爱。

七、减压练习

1. 站在门槛上，手掌挤着两边门框，鼓气用力。面部、头部、脖子会有热血上涌。尽量多坚持一会儿。

2. 突然完全放松。

◆ 熟练掌控演讲技巧，你就是高手 ◆

充满饱和的情感，演讲才有力度

演讲词像一枚足以穿越钢板的子弹，但如果没有饱和的情感和力度，则连衣服也损伤不了，更不能触及人的灵魂。

演讲中的幽默是光彩夺目的火花

幽默是思想、学识、智慧在一瞬间的光芒闪耀，会让整场演讲充满光彩。

第十章

应变技巧：及时处理突发状况

面对冷场，要学会拓展话题的领域

在日常生活和社会交往中，尤其是在比较正式的场合，如聚会、议事等时候常会出现冷场的情况，一旦冷场，彼此都有些尴尬。冷场，在人际关系中无疑是一种“冰块”。打破冷场的技巧，就是及时融化妨碍交往的“冰块”。

谈话者之间存在以下几种情况时，最容易因“话不投机”而出现冷场。

1. 彼此不大相识。

2. 年龄、职业、身份、地位差异大。

3. 心境差异大。

4. 兴趣、爱好差异大。

5. 性格、素质差异大。

6. 平时意见不合，感情不和。

7. 互相之间有利害冲突。

8. 异性相处，尤其单独相处时。

9. 长期不交往而比较疏远。

10. 均为性格内向者。

怎样才能避免冷场呢？其实只要会话者掌握了破“冰”

之术，及时根据情境设置话题，冷场是很容易被打破的：

开始第一句话要注意的是使人人都能了解，人人都能发表看法，由此再探出对方的兴趣和爱好，拓展谈话的领域。如果指着一件雕刻说："真像某某的作品！"或是听见歌唱就说："很有门德尔松音乐的风味。"除非知道对方是内行，否则不仅不能讨好，而且会引起对方的反感。

如果不知道对方的职业，就不可胡乱问他。因为社会上免不了有人会失业，问对方的职业无异于强迫他自认失业，这对自尊心很强的人来说是不太好的。如果你想开拓谈话的领域而希望知道他的职业，也只能用试探的方法："先生常常去游泳吗?"如果他说"不"，你就可以问他是否很忙，"每天上哪儿消遣最多呢?"接下去探出他是否有固定工作。如果他回答"是"，你便可加上一句问他平时什么时候去游泳，从而判断他有无职业。如果他说是星期天或每天下午五时以后去，那无疑对方是有固定工作的。

确定了别人有工作，才可问他的职业，这样就可以谈他工作范围内的事情。如果不知对方有没有职业，或确知对方为失业者，那么还是谈别的话题为佳。

面对冷场，提一些引导性的话题

提出引导性话题，可以给他人留下谈话的时间和空间，特别是对于那些不善于当众讲话的人。这些话题可以根据对方的性格特点、兴趣爱好、职业性质等方面来设置。比如："近来工作顺利吧？""听说你最近有件高兴的事，是什么呢？""前一阵我见到你的孩子了，学习怎么样？"先用这些听起来使对方温暖的话寒暄一下，便于开展谈话。对于那些在公司上班的人，可以探问对其公司的日常规则的看法，比如："你们公司每周都要举行升旗仪式，之后还要做早操、召开例会，你怎么看待？"引导性话题应该注重可谈性和可公开性。对学文科的人不宜谈深奥的理科问题，反之亦然。不宜在公开场合触及个人隐私，或者是背后议论他人等。如果引导性话题过于敏感，或者超出了对方的兴趣爱好，或者过于深奥、超出了对方的知识结构等，对方也许不愿说，也许真的无话可说。提出这类话题，目的是让对方开口讲话，不能让对方讲，还有什么意义呢？

在提一些引导性话题的时候，还要注意方法和策略，不要让对方感到难以回答。比如："你是不是也觉得你们现在的厂长很能干？"人家要说赞同的话，他自己又确有保留意见；要说不赞同，而你已经认可了，他总不至于在你面前反对吧，何况是说别人的坏话呢？这样的话题如果处理得不好，会让自己失去谈话的亲和力。再者也不要问些大而空的问题，让人不知从何说起，话题最好具体点。

此外，在打破冷场时说话还应该注意下面的内容：

如果是由于自己太清高、架子大，使人敬而远之而造成双方的沉默，在交谈中应该主动、客气及随和一些。

如果是由于自己太自负，盛气凌人，使对方反感而造成了沉默，则要注意谦虚，多想想自己的短处，适当褒扬对方的长处。

如果是由于自己口若悬河，讲起话来漫无边际、无休无止而导致了对方的沉默，则要注意自己讲话应适可而止，给对方说话的机会，不要让人觉得你是在做单方面的"传教"。

有时装作不懂事的样子，往往可以听取他人更多的意见，这根源于人们的自炫心理。反之，你表现得太聪明，人家即使要讲，也有顾虑，怕比不上你。如果我们用"请教"的语气说话，引起对方的优越感，就会引出滔滔话语。一般人的心理总是喜欢教人，而不喜欢受教于人。

冷场的出现，往往与话题有关。"曲高和寡"会导致冷场；"淡而无味"同样会引起冷场。不希望出现冷场的交谈者，应当事先做些准备，使自己有一点"库存话题"，以备不时之需。

主动调侃

一次，里根总统在白宫钢琴演奏会上讲话时，夫人南希一不小心连人带椅跌落在台下地毯上，观众发出惊叫，但是南希却灵活地爬起来，在众多宾客的热烈掌声中回到自己的座位上。正在讲话的里根看到夫人并没有受伤，便插入一句俏皮话："亲爱的，我告诉过你，只有在我没有获得掌声的时候，你才应该这样表演。"

只要把握得当，戏谑调笑的化解法大多数人都拒绝不了它的"功效"，因为它能使人开怀大笑，舒展情绪，在笑声中淡化尴尬与窘迫。

当我们与别人交往时，由于我们的过失，造成谈话中间出现了难堪，这时我们不要责备他人，而是要找找自己的责任，采用自我调侃的方式低调退出吧。

当我们由于自己的原因造成尴尬时，打破尴尬的最好办法就是：不要死要面子活受罪，可以采用自我调侃的办法，真诚一些，表达自己的歉意，而对方也不会喋喋不休地责备我们，相反还会因为我们的真诚而一笑了之。

然而，当由于他人的原因甚至恶意使你陷入窘境时，逃避嘲笑并非良方，而你殚精竭虑地力图反击，很可能会遭到对手更多的嘲讽，不如来个 180 度大转变的超脱。这种超脱既能使自己摆脱狭隘的自尊心理的束缚，又能使凶悍的对手心软下来。

当然，大多数人制造尴尬都不是恶意的，而是出于不小心，这时候，如果你过分掩饰自己的失态，反而会弄巧成拙，使自己越发尴尬。而以漫不经心、自我解嘲的口吻说几句取悦人的话，却可以活跃气氛，消除尴尬。

在尴尬的场合，自嘲能使自尊心通过自我排解的方式得到保护。而且还能体现出说话者宽广大度的胸怀。

尴尬场合，运用自我调侃可以平添许多风采。当然，自我调侃要避免采取玩世不恭的态度。具有积极因素的自我调侃包含着自嘲者强烈的自尊、自爱。自我调侃实质上是当事人采取的一种貌似消极、实为积极的促使交谈向好的方向转化的手段。

找个化解尴尬的“台阶”

在社交活动中，能适时地为陷入尴尬境地的对方提供一个恰当的“台阶”，使对方免丢面子，算是处世的一大原则，也是为人的一种美德，这不仅能获得对方的好感，而且也有助于树立自己良好的社交形象。否则对方因没能下得“台阶”而出了丑，可能会记恨终身。相反，若注意给人“台阶”下，可能会让人感激一生。是让人感激还是让人记恨，关键是自己在“台阶”上不陷入误区。

外圆内方的人，不仅尽量避免因自己的不慎而使别人下不了台，而且还会在对方可能不好下台时，巧妙及时地为其提供一个“台阶”。这是因为他们在帮助别人“下台阶”时，掌握了正确的方法。

心理学研究表明，谁都不愿把自己的错处或隐私在公众面前曝光，一旦被曝光，就会感到难堪或恼怒。因此，在交际中，如果不是为了某种特殊需要，一般应尽量避免触及对方所避讳的敏感区，避免使对方当众出丑。必要时可委婉地暗示对方自己已知道他的错处或隐私，便可对他造成一定的压力。但不可过分，只需点到为止。

既能使当事者体面地“下台阶”，又尽量不使在场的旁人觉察，这才是最巧妙的“台阶”。有一则报道很能启发人。

> 在广州一著名的大酒店，一位外宾在吃完最后一道茶点后，顺手把精美的景泰蓝食筷悄悄插入自己的西装口袋里。服务小姐不露声色地迎上前去，双手擎着一只装有一双景泰蓝食筷的绸面小匣子说：“我发现先生在用餐时，对我国的景泰蓝食筷颇有爱不释手之意。非常感谢你对这种精细工艺品的赏识。为了表达我们的感激之情，经餐厅主管批准，我代表酒店，将这双图案最为精美并且经过严格消毒处理的景泰蓝食筷送给你，并按照大酒店的‘优惠价格’记在你的账上，你看好吗?”那位外宾当然明白这些话的弦外之音，在表达了谢意之后，说自己多喝了两杯白兰地，头脑有点发晕，误将食筷插入口袋里，并且聪明地借此“台阶”，说：“既然这种食筷不消毒就不好使用，我就‘以旧换新’吧！哈哈哈。”说着取出内衣口袋里的食筷恭敬地放回餐桌上，接过服务小姐给他的小匣，不失风度地向付账处走去。

如果服务员想让这位外宾“出洋相”真是太容易了，但她没有那样做，而是委婉地暗示对方的错处。外圆内方的人往往都会这样不动声色地让对方摆脱窘境。

有时遇到意外情况使对方陷入尴尬境地，这时，外圆内方的人在给对方提供“台阶”的同时，往往会采取某些妥善措施，及时给对方的面子上再增添一些光彩，使对方更加感激不尽。

此外，还有顺势而为送台阶法和挥洒感情造台阶法。

顺势而为送台阶法，就是依据当时当场的势态，对对方的尴尬之举加以巧妙解释，使原本只有消极意味的事件转而具有积极的含义。

挥洒感情造台阶法，就是故意以严肃的态度面对对方的尴尬举动，消除其中的可笑意味，缓解对方的紧张心理。

人人都有下不来台的时候，学会给人下台阶，既可以缓解紧张难堪的气氛，使事情得以正常进行，又能够帮助尴尬者挽回面子，增进彼此之间的关系。要达到这样的目的，我们应系统地学会使用以上技巧。

如何面对刁难者

在社交或公众场合，有时我们会遇到别人有意或无意的抢白、奚落、挖苦、讥讽，这时该怎么办？有随机应变能力的人，能调动自己的智慧，化被动为主动，使尴尬烟消云散。“兵来将挡，水来土掩”，你可视不同的对象选择不同的应付办法。

第一，仿拟话语。仿照对方讽刺性的话语形式，制造出一种新的说法，反而将对方置于不利的位置上，从而使对方落入“聪明反被聪明误”的自造的陷阱中。

> 丹麦著名童话家安徒生一生俭朴，常常戴一顶破旧的帽子在街上溜达。一次，一个富翁嘲笑他说：“你脑袋上边的那玩意儿是个什么东西，能算是一顶帽子吗？”安徒生马上回敬了一句：“你帽子底下的那玩意儿是个什么东西，能算是个脑袋吗？”

对方本想嘲笑安徒生服饰破旧寒酸，不想反被安徒生嘲弄了一番。安徒生仿拟对方的话语形式，改换了几个字词，便辛辣地讽刺了对方的愚蠢。

第二，歧解语义。它是指故意将对方讽刺性的话做出另一种解释，而这种解释又恰巧扭转了矛头，指向对方，这等于让对方自己打自己的嘴巴。

普希金年轻时并不出名。一次，他在彼得堡参加一个公爵举行的舞会。他邀请一位年轻漂亮的贵族小姐跳舞。这位小姐傲慢地看了普希金一眼，冷淡地说：“我不能和小孩子一起跳舞！”普希金不但不生气，反而微笑着说：“对不起！我亲爱的小姐，我不知道您正怀着孩子。”那位贵族小姐一听顿时满脸羞红。

普希金在这里就是故意歧解了语义，把“小孩子”偷换成贵族小姐“已有身孕”，因而才不能和别人跳舞。

第三，以毒攻毒。当对方用恶毒的话攻击你的时候，不妨顺水推舟，借他的话回敬对方。

1914 年 9 月 2 日英德两方谈判时，德国首相提出：“你们是否要为一张废纸（指保证比利时中立的条约）和我们开战？”乔治对于这样的提问没有辩解或回避，而是做了这样的演讲：

在座诸位没有人比我更不情愿、更反感地看到我们被卷入一场大战的情景了。在我的政治生涯中，我一直抱着上述的态度。没有人会比我更坚信，我们不可能既避免这场战争的发生，又不使我国荣誉受到损害。我完全清楚，历来一个国家如卷入战争，就必然要乞灵于荣誉这个堂而皇之的名义。

不少罪行都是在荣誉的名义下犯的。现在就有些犯罪活动正在进行。然而，国家的荣誉毕竟是一个客观存在的现实，任何国家无视这个现实，都是注定要灭亡的。为什么这场战争牵涉到我国的荣誉问题？这是因为我们承担着光荣的责任，要保卫一个弱小邻国（指比利时）的独立、自由与领土完整。这个国家很弱小，不可能强迫我们这样做。但是如果有人因债权人太穷，无力强迫他还债，便拒绝清偿债务，此人便是一个卑鄙的恶棍。

我们郑重地签订过一项保卫比利时的条约，但是在条约上签字的不仅是我们。为什么奥地利和德国不履行条约规定他们应守的义务？有人提出我国引用这项条约纯粹是借口，说我们施诡计、耍手腕，有意掩饰我们对更为文明发达的国家的妒忌心，我们正企图摧毁这个国家。我们对此的回答是我们在1870年的行动。当时我们也曾呼吁法国和普鲁士遵守这项条约。

那时比利时的最大威胁来自法国而不是德国。我们要求德、法两个交战大国同时声明他们无意侵占比利时的领土。俾斯麦怎样回答呢？他说，既然有生效的条约，向普鲁士提出这样一个问题，便是多此一举。法国也做出了类似的回答。在布鲁塞尔市政府给维多利亚女王的一份著名文件中，比利时人民对我们干预此事表示了感谢。1870年，法国军队在比利时边境受到普鲁士炮火的严密封锁，断绝了一切突围的出路。唯一的办法是破坏比利时的中立，进入比利时国境。但当时法国人情愿灭亡与屈辱，也不愿破坏条约。当时法国皇帝和将军们以及成千上万英勇的法国人宁愿被俘，也不愿国家声誉受损。在撕毁条约有利于法国的时候，法国没有这样做。但今天，撕毁条约有利于德国，德国却这样做了。

条约是代表国际政治家信誉的货币。德国商人和世界上任何其他国家的商人一样有着同样诚实正直的名誉。但是如果德国货币贬值到和它的政治家的信誉一样的水平，那么从上海到瓦尔帕莱索，再也没有一个商人会对德国商人的签字看上一眼了。这就是所谓一张废纸的理论。这就是伯恩哈迪公开宣扬的理论：条约只在有利该国时才有其约束力。这关系到一切公共法律的根本问题。这样走下去，就直通野蛮时代了。正如你嫌地球的磁极妨碍了一艘德国巡洋舰，便把它除去一样，各个海洋的航行就会变得危险、困难，甚至不能航行。如果在这次战争中，这种主张占上风，整个文明世界的机制便要土崩瓦解。我们正在同野蛮作战。只有一个办法能扭转这种情况：如果有哪些国家说他们只在条约对他们有利时才守约，我们就不得不使局势变得只有守约才对他们有利。

第四，一箭双雕。抓住主要事实或揭露要害，在自己摆脱困境的同时，通过对比指出对方的弱点，置其于窘境。

这个政府借口军队打了败仗，便同敌人接触，谋求停战。

我们确实打了败仗，我们已经为敌人陆、空军的机械化部队所困。我们之所以失败，不是因德军的人数众多，而是败于他们的坦克、飞机和作战战略。正是敌人的坦克、飞机和战略使我们的将领们惊惶失措，以致出此下策。

但是难道败局已定，胜利已经无望？不，不能这样说！

请相信我的话，因为我对自己所说的话完全有把握。我要告诉你们，法兰西并未失败。总有一天我们会用目前战胜我们的同样手段使自己转败为胜。

因为法国并非孤军作战。它并不孤立！绝不孤立！它有一个幅员辽阔的帝国作后盾，它可以同控制着海域并在继续作战的不列颠帝国结成联盟。它和英国一样，可以得到美国雄厚的工业力量源源不断的支援。

这次战祸所及，并不限于我们不幸的祖国。战争的胜败亦不取决于法国战场的局势。这是一场世界大战。我们的一切过失、延误以及所受的苦难都不能改变一个事实：世界上拥有一切手段，能够最终粉碎敌人。我们今天虽然败于机械化部队，将来却会依靠更高级的机械化部队夺取胜利。世界命运正系于这种部队。

我，戴高乐将军，现在在伦敦发出广播讲话。我吁请目前或将来来到英国国土上的法国官兵，无论是否还持有武器，都和我联系；我吁请具有制造武器技术的技师与技术工人，无论是目前或将来来到英国国土的，都和我联系。

无论出现什么情况，我们都不容许法兰西抗战的烽火被扑灭，法兰西抗战烽火也永不会被扑灭。

明天我还要和今天一样在伦敦发表广播讲话。

这是戴高乐1940年6月18日在伦敦英国广播公司发表的演讲。这篇演讲在批判了法国政府的不抵抗政策的同时表示自己一定要坚持战斗，说明法国还是有希望的，这样的演讲给予了法国民众希望，而戴高乐从此被法国人称为“六·一八英雄”。

第五，巧借比喻。巧借对方比喻中的不雅事物，用与此相克相关的事物作比，针锋相对，给以迎头痛击。

例如，达尔文提出进化论以后，赫胥黎竭力支持和宣传，并与宗教势力展开了激烈的论战。教会诅咒他为“达尔文的斗犬”。在伦敦的一次辩论会上，宗教首领见赫胥黎步入会场，便骂道：“当心，这只狗又来了！”赫胥黎轻蔑地答道：“是啊，盗贼最害怕嗅觉灵敏的猎犬！”

赫胥黎以比对比，巧妙地戳穿了宗教首领的丑恶本质和害怕真理的面目。

当你面对别人恶意的侵犯时，拥有随机应变的语言表达功力非常重要。在防卫中要运用优雅、得体的语言把你的智慧和大度发挥得淋漓尽致。

第六，装聋作哑，糊涂到底。“装聋作哑”，就是指对别人的话装作没有听到或没有听清楚，以便避实就虚、猛然出击的处理问题方式。它的特点是：说辩的锋芒主要不在于传递何种信息，而是通过打击、转移对方的说辩兴致使之无法继续设置窘迫局面，化干戈为玉帛，能够寓辩于无形，不战而屈人之兵。当然唯有具有较深阅历的人方能达到这种境界。在人际交往中，这种方式的使用场合很多。

英国前首相威尔逊在一次竞选演讲中，遭到一个捣乱分子的挑衅。演讲正在进行，捣乱分子忽然高声喊叫："狗屁！垃圾！臭大粪！"这个人的意思很明显，是骂威尔逊的演讲臭不可闻，不值得一听。但是威尔逊不理会他的本意，只是报以宽容的一笑，安慰他说："这位先生，我马上就要谈到你提出的环境脏乱差的问题了。"随之，听众中爆发出掌声、笑声，为威尔逊的机智妙答喝彩。

别人的刻薄攻击，不仅可以当作耳旁风，而且还能对其反讥一番，这是化解尴尬的最好途径。

在人际交往中，在许多场合都可以使用"装聋作哑"的办法，躲开别人说话的锋芒，然后避实就虚、猛然出击。其技巧关键在于躲闪避让的机智，虽是"装作"，正如实施"苦肉计"一样，却一定要表演得自然。

演讲时忘词怎么办

尽管一位演讲者事前已做过周密的准备及预防，但他在向教堂中的一群教友发表演讲的中途，突然发现自己脑中一片空白，发现他自己完全静止，茫然地望着他的听众，无法继续说下去。这是很可怕的一种情况。他的自尊心反对他在混乱与失败中坐下来。他觉得自己可能还可以想出他所要说的下一点，或是想出更多的要点，只要给他十秒或十五秒，但是，即使你只在听众面前慌慌张张地沉默上十五秒钟，那也已是很严重的事了。应该怎么办呢？

有位著名的美参议员在遇到这种情况时，他立刻问他的听众，他说话的声音够不够大，最后几排的听众是否听得见他的声音。他早就知道自己的声音足以令后排的听众听见。然而他不是在征求意见，而是在争取时间。在那短暂的停顿时间内，他立刻想起了要说的话，然后继续说下去。

但是，在这种心神慌乱的情况下，也许最好的挽救方法就是这一种：利用你最后一段谈话的最后那个字，或是最后那个句子或是最后的那个主题，作为新段落或新句子的开头。这将形成一条永无尽头的锁链。

让我们来看看这个法子如何运用。我们不妨想象，有位演讲者正在谈论“事业成就”的问题，他在说完下面这段话之后，就发现自己脑中突然一片空白。

他说：“一般的职员之所以不能获得升迁，主要是因为，他对他的工作没有兴趣，表现不出进取精神。”

以“进取精神”来作为一个句子的开头。你可能不知道你将说些什么，或将如何结束这个句子，但是，不管怎么样，起个头。即使表现得很差劲，也总比承认失败要好得多。

“进取精神就是主动性，自己主动去做某件事，而不是等待别人的吩咐。”

这不是很有智慧的说法，也不会在演说史上名垂千古，但这岂不比痛苦的沉默好得多？我们最后的几个字是什么，我们就用这个观念来造个新句子吧。

“不断吩咐、指示及驱使那些拒绝从事任何主动思考的公司职员。这是最令人感到愤怒的事，也是令人难以想象的事。”

我们已经顺利地说完两段了。现在我们可以振作起精神，继续下去：“每年在商业竞争中被淘汰的公司职员，真是令人感到悲哀。我说悲哀，因为只要多一点点忠诚，多一点点进取心，多一点点热情，这些被淘汰的员工就能使自己跨越失败，走向成功。然而，失败者永远不会承认这是他们失败的原因。”

如此继续进行下去。在演讲这陈词滥调的同时，应该努力去思索原来演说中的要点，想出原来打算要说的话。

这种没有终止的连锁性思考方法，如果延续下去，可以拖得很长。可能使演讲者和听众们乏味。不过，对于因为遗忘而暂时失去控制的受伤的头脑来说，这却是最佳的急救方法——它也因此挽救了许多次垂垂待毙的演讲。

◆临乱不惊，轻松应对突发状况◆

用幽默找个化解尴尬的台阶

只要把握得当，用戏虐调笑的化解法，可以在笑声中化解尴尬与窘迫。

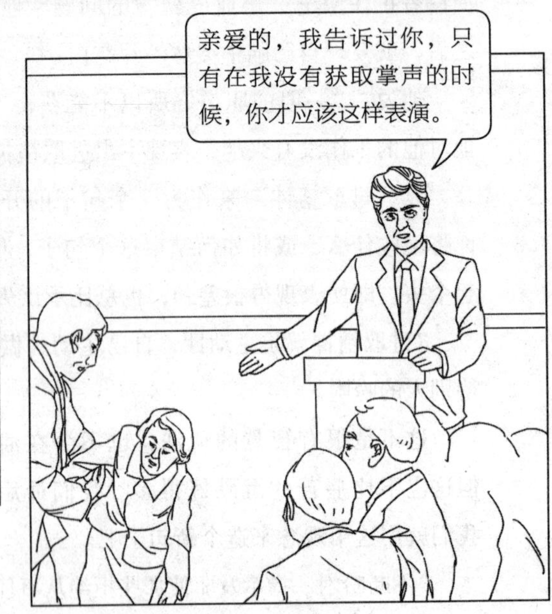

用应变能力化解突发状况

不仅可以避免尴尬的发生，还可以为听众带来笑声。